하루 10분으로 한자 급수와 어휘력의 기초를 세우는

뿌리깊은
초등국어
한자 8급

1 단계(8급)
초등 1·2학년
대상

(사)한국어문회 주관 한국한자능력검정회 시행 기준

초판 9쇄 발행일 2024년 5월 13일 **발행처** ㈜마더텅 **발행인** 문숙영
책임편집 장윤미 **집필 및 교정** 장윤미, 김보라, 김소율, 손정선
베타테스트 고도현, 안준기(서울 강덕초), 안채연, 이다인, 이수은, 임세아
디자인 김연실, 양은선 **일러스트** 이혜승 **인디자인편집** 박경아
제작 이주영 **주소** 서울시 금천구 가마산로 96, 708호 **등록번호** 제1-2423호(1999년 1월 8일)

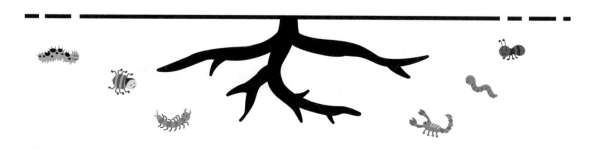

구성 1

주간학습계획표

〈뿌리깊은 초등국어 한자 8급(1단계)〉은 공부할 내용을 주 단위로 묶었습니다.
'주간학습계획표'를 활용하여 한 주 동안 공부할 내용을 미리 살펴보고
스스로 계획을 세울 수 있습니다.

구성 2

학습한자 확인

해당 한자의 뜻과 음을 확인하는 순서입니다.
한자의 어원을 초등학생 수준에서
이해할 수 있도록 쉽게 각색하여 설명하고,
그림으로 나타내었습니다.
한자 단어를 사용한 예문과,
한자를 쉽게 풀어 설명한 예문을 함께
수록하였습니다.
또한, 한자의 쓰임과 어울리는 간단한 영단어를
추가하여 학생들이 영어와 한자를 동시에
학습할 수 있도록 하였습니다.

구성 3

교과 단어 더하기

해당 한자를 활용한 단어를 교과서에 나오는
어휘 중심으로 수록하였습니다.
초등학생이 자주 쓰는 단어들뿐만 아니라
초등학생이 꼭 알아야하는 단어들로
구성하였습니다. 교과서 표시를 보고 몇 학년이
이 어휘를 배우는지 확인할 수 있습니다.
또한, 간단한 문제를 통해
학생들이 교과 단어의 뜻을 한 번 더
확인하며 익힐 수 있습니다.

한자 쓰기

한자를 쓰며 부수와 획순을 익히는 순서입니다.

모든 획순마다 방향이 표시되어 있고, 회색 따라쓰기로 처음부터 마지막까지 획순대로

따라 쓸 수 있게 되어있습니다. 3번은 해설지에 따로 답이 표시되어 있지 않고

모든 칸을 정확하게 다 채우면 정답입니다. 표의 구성대로 한자를 쓰다보면,

자연스럽게 한자를 획순대로 정확하게 익히고 바르게 쓸 수 있게 될 것입니다.

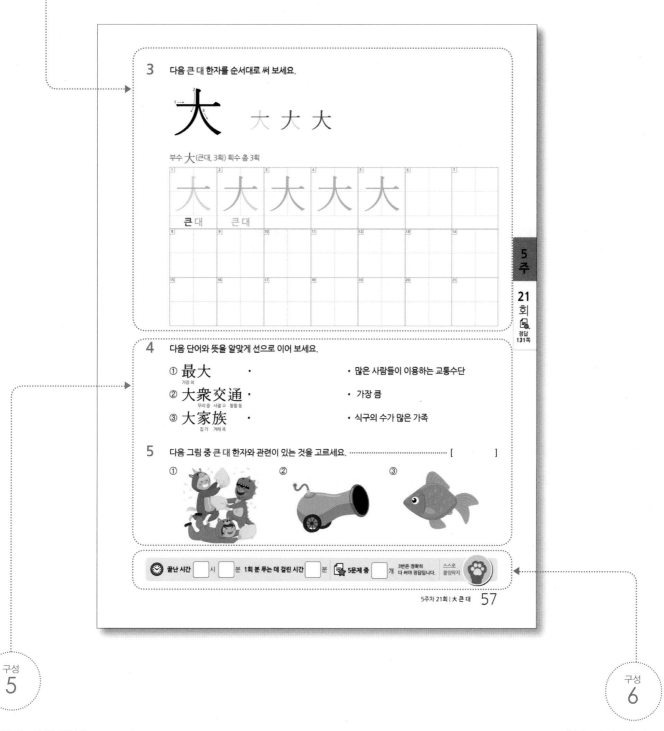

어휘력 강화 문제

〈뿌리깊은 초등국어 한자 8급(1단계)〉에는 한자를 익히고

활용하여 풀 수 있는 다양한 문제들이 들어있습니다.

그림, 한자어, 관용어 등을 통해 한자가 실제 언어생활에서

어떻게 사용되는지 살펴보고, 한자가 가지고 있는

여러 뜻을 파악할 수 있습니다.

학습결과 점검표

한 회를 마칠 때마다 걸린 시간 및 맞힌 문제의 개수, 그리고

'평가 붙임딱지'를 붙일 수 있는 (자기주도평가)란이 있습니다.

모든 공부를 다 마친 후 스스로 그 결과를 기록함으로써

그날의 공부를 다시 한 번 되짚어볼 수 있으며,

성취해 나가는 기쁨을 느낄 수 있습니다.

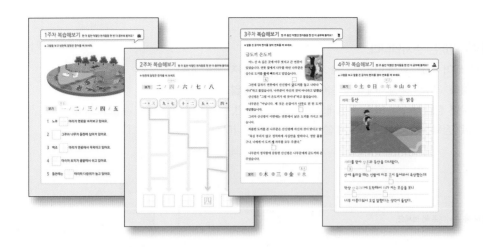

구성
7

다양한 주간 복습 활동

〈뿌리깊은 초등국어 한자 8급(1단계)〉에는
주마다 한자 복습에 도움이 될 만한
다양한 활동들이 실려 있습니다.

구성
8

한자 나무 기르기

〈뿌리깊은 초등국어 한자 8급(1단계)〉은 학생이 공부한 진도를 확인할 수 있도록 '한자 나무 기르기'를 부록으로 실었습니다.
회차를 마칠 때마다 알맞은 칸에 붙임딱지를 붙여서 한자 나무를 완성해 보세요.

한자 나무 기르기 **붙임딱지 활용법**

공부를 마치면 나무에 알맞은 붙임딱지를
'한자 나무 기르기'에 붙이세요.
나무를 완성해 가면서 끝까지 공부를 했다는
성취감을 느껴 보세요.

＊한자 나무 기르기는 뒤표지 안쪽에 있습니다.

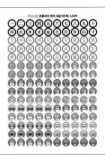

스스로 붙임딱지 **활용법**

공부를 마치면 아래 보기를 참고해 알맞은 붙임딱지를 '학습결과 점검표'에 붙이세요.
＊붙임딱지는 마지막 장에 있습니다.

다 풀고 나서 스스로 대단하다는 생각이 들었을 때

- **정답 수** : 4개 이상
- **걸린 시간** : 10분 이하

열심히 풀었지만 어려운 문제가 있었을 때

- **정답 수** : 3개 이하
- **걸린 시간** : 15분 이상

오늘 배운 내용이 재미있었을 때

- 점수와 상관없이 학생이 재미있게 학습했다면

스스로 공부를 시작하고 끝까지 마쳤을 때

- 학생이 스스로 먼저 오늘 할 공부를 시작하고
  끝까지 했다면

2024 마더텅 제4기
초등학교 성적 우수 장학생 모집

2024년 저희 교재로 열심히
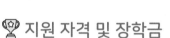 공부해 주신 분들께 장학금을 드립니다!

 지원 자격 및 장학금

대상 **30** 만 원　　금상 **10** 만 원　　은상 **3** 만 원

초1 ~ 초6

지 원 과 목　국어 / 영어 / 한자 중 최소 1과목 이상 지원 가능
※여러 과목 지원 시 가산점이 부여됩니다.

제 출 서 류
아래 2가지 항목 중 최소 1개 이상 서류 제출
① 2023년 2학기 혹은 2024년 1학기 초등학교 생활통지표 등 학교에서 배부한 학업성취도를 확인할 수 있는 서류
② 2023년 7월~2024년 6월 시행 초등학생 대상 국어/영어/한자 해당 인증시험 성적표
책과함께 KBS한국어능력시험, J-ToKL, 전국영어학력경시대회, G-TELP Jr., TOEFL Jr., TOEIC Bridge, TOSEL,
한자능력검정시험(한국어문회, 대한검정회, 한자교육진흥회 주관)

위 조건에 해당한다면
마더텅 초등교재로 공부하면서 느낀 점과 공부 방법, 학업 성취, 성적 변화 등에 관한 자신만의 수기를 작성해서 마더텅으로
보내 주세요. 우수한 글을 보내 주신 분들께 **수기 공모 장학금**을 드립니다!

[응모대상]　마더텅 초등 교재들로 공부한 초1~초6

뿌리깊은 초등국어 독해력, 뿌리깊은 초등국어 독해력 어휘편, 뿌리깊은 초등국어 독해력 한국사, 뿌리깊은 초등국어 한자,
초등영문법 3800제, 초등영문법 777, 초등영어 받아쓰기·듣기 10회 모의고사, 초등교과서 영단어 2400, 비주얼파닉스 Visual Phonics,
중학영문법 3800제 스타터 중 최소 1권 이상으로 신청 가능

[응모방법]
① 마더텅 홈페이지(www.toptutor.co.kr)의 [고객센터-이벤트] 게시판에 접속
② [2024 마더텅 초등학교 장학생 선발] 클릭 후 지원하는 분야의 [2024 마더텅 초등학교 장학생 지원서 양식]을 다운
③ [2024 마더텅 초등학교 장학생 지원서 양식] 작성 후 메일(mothert.marketing@gmail.com)로 발송

[선발일정]
접 수 기 한　2024년 7월 31일　　수 상 자 발 표 일　2024년 8월 12일　　장 학 금 수 여 일　2024년 9월 11일

※유의 사항
1. 마더텅 장학생 선발에 응모하며 제출한 자료(이름, 학교명, 성적 인증 자료, 후기 등)는 장학생 선발을 위해 사용되며, 마더텅 장학생에 선발될 경우 위의 자료가 출판사의 교재 개발 및 홍보에 사용될 수 있습니다. 마더텅 장학생으로 선발된 것을 승인하고 장학금을 수령한 경우 위의 사항에 동의한 것으로 간주합니다. 2. 위와 같이 개인 정보를 수집하고 이용하는 것에 대해 동의를 거부할 수 있으며, 동의를 거부할 경우 참여가 불가능합니다. 만 14세 미만은 부모님께서 신청해 주셔야 합니다. 3. 제출한 자료는 반환되지 않으며, 제출한 자료의 내용과 관련하여 확인이 필요한 경우 관련 자료의 우편 제출을 요구할 수 있습니다. 4. 장학금 지급 방법은 선발된 분께 개별적으로 통지합니다. 5. 마더텅 장학생 선발 후에도 소정의 활동(심층 소비자 조사, 교재 후기 작성 등)이 있을 예정입니다. 6. 제출한 자료의 내용이 사실과 다를 경우 장학생 선발은 취소될 수 있으며, 장학금을 수령한 경우 반환하여야 합니다. 7. 10만원 이상의 장학금(수기 공모 당선금) 수령 시 관계법령에 따라 제세공과금(22%)은 당첨자 본인 부담이며, 제세공과금 처리 및 장학금 발송을 위해 장학금 수기 공모 당선자의 개인정보를 요청할 수 있습니다. 8. 위 상금은 제세공과금을 제외하고 수상자에게 실제 지급되는 금액입니다.

뿌리깊은 초등국어 한자 8급(1단계) 한자 찾아보기

ㄱ

教	가르칠 교	108쪽
校	학교 교	106쪽
九	아홉 구	26쪽
國	나라 국	122쪽
軍	군사 군	96쪽
金	쇠 금	40쪽

ㄴ

南	남녘 남	84쪽
女	여자 녀	64쪽
年	해 년	48쪽

ㄷ

大	큰 대	56쪽
東	동녘 동	80쪽

ㅁ

萬	일만 만	124쪽
母	어머니 모	72쪽
木	나무 목	38쪽
門	문 문	112쪽
民	백성 민	94쪽

ㅂ

白	흰 백	116쪽
父	아버지 부	70쪽
北	북녘 북	86쪽

ㅅ

四	넉(넷) 사	14쪽
山	메 산	50쪽
三	석(셋) 삼	12쪽
生	날 생	100쪽
西	서녘 서	82쪽
先	먼저 선	98쪽
小	작을 소	60쪽
水	물 수	36쪽
室	집 실	110쪽
十	열 십	28쪽

ㅇ

五	다섯 오	16쪽
王	임금 왕	92쪽
外	바깥 외	62쪽
月	달 월	32쪽
六	여섯 육	20쪽

二	두(둘) 이	10쪽
人	사람 인	68쪽
日	날 일	46쪽
一	한(하나) 일	8쪽

ㅈ

長	길 장	88쪽
弟	아우 제	76쪽
中	가운데 중	58쪽

ㅊ

靑	푸를 청	118쪽
寸	마디 촌	52쪽
七	일곱 칠	22쪽

ㅌ

土	흙 토	44쪽

ㅍ

八	여덟 팔	24쪽

ㅎ

學	배울 학	104쪽
韓	한국(나라) 한	120쪽
兄	형 형	74쪽
火	불 화	34쪽

1주차

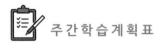 주간학습계획표

회차	학습내용	학습계획일
01회	一 한(하나) 일	월 일
02회	二 두(둘) 이	월 일
03회	三 석(셋) 삼	월 일
04회	四 넉(넷) 사	월 일
05회	五 다섯 오	월 일

一

| 하나 | 한 일 | 한 일 |

뜻(훈)　한(하나)

소리(음)　일

영어　one 하나

[**한(하나) 일은 손으로 숫자 1을 나타낸 모습**을 보고 만들었습니다.]

일이라고 읽으며 하나, 첫째, 오로지, 모든 등의 뜻이 있습니다.

예문 일주일 동안 한자를 10자씩 공부할 거야!
= 한 주 동안 한자를 10자씩 공부할 거야!

📖 교과어휘

① **통일**(統 一) 나눠진 것들을 하나로 함 겨울 1-2
　거느릴 통　한 일

② **제일**(第 一) 여러 가지 중 가장 뛰어난 겨울 2-2
　차례 제　한 일

③ **일주일**(一 週 日) 한 주. 또는 칠 일 국어 3-1(가)
　한 일 돌 주 날 일

④ **일년**(一 年) 한 해. 또는 열두 달
　한 일 해 년

⑤ **일회용품**(一 回 用 品) 한 번 쓰고 버리는 물건 국어 3-1(나)
　한 일 돌아올 회 쓸 용 물건 품

⑥ **단일**(單 一) 하나로만 되어 있음 국어 5-1(나)
　홑 단　한 일

1 다음 한자의 뜻(훈)과 소리(음)를 써 보세요.

一　　뜻(훈): _____　　소리(음): _____

2 다음 문장 중 밑줄 친 부분을 한자로 써 보세요.

나는 초등학교 **일**학년이 되었어.

일 [　]

3 다음 **한 일** 한자를 순서대로 써 보세요.

부수 ─ (한일, 1획) 획수 총 1획

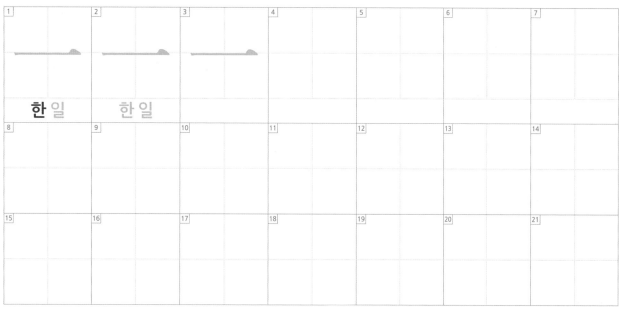

한 일 ・ **한** 일

4 다음 단어와 뜻을 알맞게 선으로 이어 보세요.

① 統一 ・
거느릴 통

② 第一 ・
차례 제

③ 單一 ・
홀 단

・ 여러 가지 중 가장 뛰어난

・ 하나로만 되어 있음

・ 나눠진 걸 하나로 함

5 다음 그림 중 **한 일** 한자와 관련이 <u>없는</u> 것을 고르세요. ······· [   ]

①

②

③

⏰ 끝난 시간 [ ] 시 [ ] 분　**1회 분 푸는 데 걸린 시간** [ ] 분　 **5문제 중** [ ] 개　3번은 정확히 다 써야 정답입니다.　스스로 붙임딱지

二

一

뜻(훈) 두(둘)

소리(음) 이

영어 **two 둘**

둘

두 이

두 이

[두(둘) 이는 **손으로 숫자 2를 나타낸 모습**을 보고 만들었습니다.]

이라고 읽으며 둘, 둘째, 두 번 등의 뜻이 있습니다.

예문 민호는 이학기에 전학왔다.
= 민호는 두 번째 학기에 전학왔다.

📖 교과어휘

① **이학년**(二 學 年) 두 번째 학년 국어 2-1(가)
　　　 두 이 배울 학 해 년
② **이학기**(二 學 期) 두 번째 학기 국어 3-2(가)
　　　 두 이 배울 학 기약할 기
③ **이월**(二 月) 일 년 열두 달 중 두 번째 달
　　 두 이 달 월
④ **이행시**(二 行 詩) 시행(詩行)이 두 개인 시 가을 2-2　　　　　　　　　　　　 * 시행 : 운율적으로 구성된 시의 행
　　　 두 이 다닐 행 시 시
⑤ **이산화탄소**(二 酸 化 炭 素) 생물이 호흡하거나 물질이 탈 때 생기는 기체 국어 5-1
　　　　 두 이 실 산 될 화 숯 탄 흴 소

1 다음 한자의 뜻(훈)과 소리(음)를 써 보세요.

二　　　뜻(훈): ＿＿＿＿＿＿＿　　　소리(음): ＿＿＿＿＿＿＿

2 다음 문장 중 밑줄 친 부분을 한자로 써 보세요.

나는 교실에서 <u>두</u> 번째 자리에 앉아.

두 [ ]

3 다음 **두 이** 한자를 순서대로 써 보세요.

부수 二 (두이, 2획) 획수 총 2획

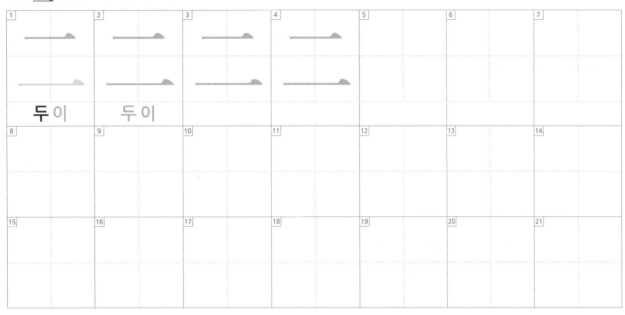

4 다음 단어와 뜻을 알맞게 선으로 이어 보세요.

① 二行詩 ·
　다닐 행　시 시

· 두 번째 학년

② 二學年 ·
　배울 학　해 년

· 시행이 두 개인 시

③ 二月 ·
　달 월

· 일 년 중 두 번째 달

5 다음 그림 중 **두 이** 한자와 관련이 <u>없는</u> 것을 고르세요. ·················· [　　　]

① 　② 　③

끝난 시간 　　시 　　분　**1회 분 푸는 데 걸린 시간** 　　분　**5문제 중** 　　개　3번은 정확히 다 써야 정답입니다.　스스로 붙임딱지

三

뜻(훈)	석(셋)
소리(음)	삼

영어 three 셋

셋

석 삼

석 삼

[석(셋) 삼은 **손으로 숫자 3을 나타낸 모습**을 보고 만들었습니다.]

삼이라고 읽으며 셋, 세 번, 자주 등의 뜻이 있습니다.

예문 저 산은 삼각형 모양이야!
= 저 산은 세모 모양이야!

📖 교과어휘

① **삼각형**(三 角 形) 세모 모양의 도형
　　　　석 삼 뿔 각 모양 형

② **외삼촌**(外 三 寸) 어머니의 남자 형제 국어활동 2-2
　　　　바깥 외 석 삼 마디 촌

③ **삼각김밥**(三 角 김밥) 삼각형 모양으로 만든 김밥 국어 2-1(가)
　　　　석 삼 뿔 각

④ **삼일절**(三 一 節) 일제 강점기 1919년 3월 1일에 일어난 독립 만세 운동을 기념하는 날
　　　　석 삼 한 일 마디 절

⑤ **삼국지**(三 國 志) 중국의 삼국시대를 기록한 역사책
　　　　석 삼 나라 국 뜻 지

1 다음 한자의 뜻(훈)과 소리(음)를 써 보세요.

三　　　뜻(훈): ＿＿＿＿＿＿＿＿　　　소리(음): ＿＿＿＿＿＿＿＿

2 다음 문장에서 밑줄 친 부분을 한자로 써 보세요.

이번 **삼**일절에는 내가 직접 만든 태극기를 집에 걸었다.

삼

3 다음 **석 삼** 한자를 순서대로 써 보세요.

부수 ━(한일, 1획) 획수 총 3획

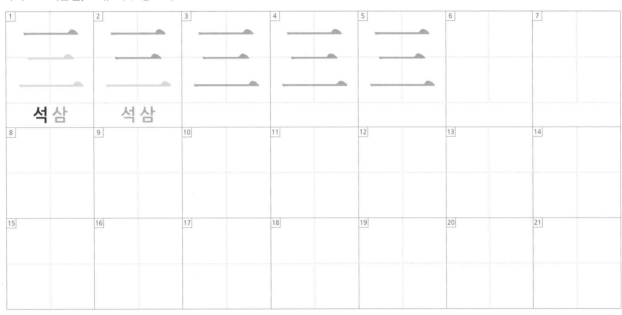

석삼　석삼

4 다음 단어와 뜻을 알맞게 선으로 이어 보세요.

① 三一節 ·
　한일　마디 절

② 三國志 ·
　나라 국　뜻 지

③ 外三寸 ·
　바깥 외　마디 촌

· 독립 만세 운동을 기념하는 날

· 어머니의 남자 형제

· 중국의 삼국시대를 기록한 역사책

5 다음 그림 중 **석 삼** 한자와 관련이 있는 것을 고르세요. ┈┈┈┈┈┈┈┈┈┈┈┈┈┈ [　　　]

① 　② 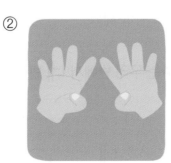　③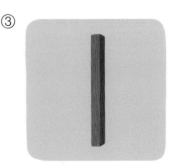

끝난 시간 ☐시 ☐분 **1회 분 푸는 데 걸린 시간** ☐분　★ **5문제 중** ☐개　3번은 정확히 다 써야 정답입니다.　스스로 붙임딱지

공부한 날 [　] 월 [　] 일
시작 시간 [　] 시 [　] 분

四

뜻(훈)　넉(넷)
소리(음)　사
영어　four 넷

넷　넉 사　넉 사

[넉(넷) 사는 **손으로 숫자 4를 나타낸 모습**을 보고 만들었습니다.]

사라고 읽으며 넷, 네 번, 사방 등의 뜻이 있습니다.

예문 나는 사계절을 다 좋아해.
= 나는 봄, 여름, 가을, 겨울을 다 좋아해.

📖 **교과어휘**

① **사각형**(四 角 形) 네모 모양의 도형　국어 2-2(가)
　　넉사 뿔각 모양 형
② **사계절**(四 季 節) 봄, 여름, 가을, 겨울의 네 가지 계절　가을 2-2
　　넉사 계절 계 마디 절
③ **사촌**(四 寸) 아버지나 어머니의 형제자매의 자녀　가을 1-2
　　넉사 마디 촌
④ **사칙연산**(四 則 演 算) 덧셈, 뺄셈, 곱셈, 나눗셈을 이용한 셈
　　넉사 법칙 칙 펼 연 셈 산
⑤ **사방**(四 方) 동, 서, 남, 북 네 방향 모두를 이르는 말
　　넉사 모방

---

1 다음 한자의 뜻(훈)과 소리(음)를 써 보세요.

四　　뜻(훈): _____　소리(음): _____

2 다음 문장 중 밑줄 친 부분을 한자로 써 보세요.

나는 우리 반에서 <u>네</u> 번째로 키가 커.

네 [　]

3 다음 **넉 사** 한자를 순서대로 써 보세요.

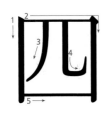

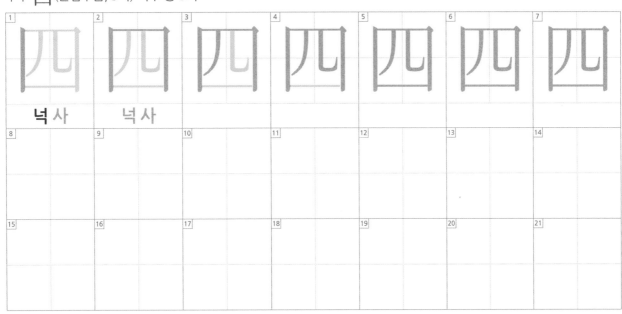

부수 口 (큰입구몸, 3획) 획수 총 5획

1 四	2 四	3 四	4 四	5 四	6 四	7 四
넉 사	**넉 사**					
8	9	10	11	12	13	14
15	16	17	18	19	20	21

4 다음 단어와 뜻을 알맞게 선으로 이어 보세요.

① 四角形　　・
　뿔 각　모양 형

② 四則演算・
　법칙 칙　펼 연　셈 산

③ 四方　　　・
　모 방

・ 동, 서, 남, 북

・ 네모 모양의 도형

・ 덧셈, 뺄셈, 곱셈, 나눗셈을 이용한 셈

5 다음 그림 중 **넉 사** 한자와 관련이 <u>없는</u> 것을 고르세요. ⋯⋯⋯⋯⋯⋯ [　　]

①
②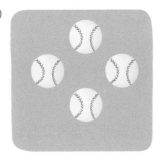
③

끝난 시간 ☐ 시 ☐ 분　**1회 분** 푸는 데 걸린 시간 ☐ 분　⭐ **5문제 중** ☐ 개　3번은 정확히 다 써야 정답입니다.　스스로 붙임딱지

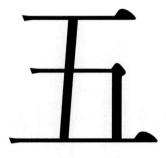

五

뜻(훈) 다섯
소리(음) 오
영어 five 다섯

[**다섯 오**는 **손으로 숫자 5를 나타낸 모습**을 보고 만들었습니다.]

오라고 읽으며 다섯, 다섯 번 등의 뜻이 있습니다.

예문 오선지에 음표를 그렸어.
= 악보를 그리는 종이에 음표를 그렸어.

📖 교과어휘

① **오학년**(五 學 年) 초등학교의 다섯 번째 학년 국어 3·1(나)
　　다섯 오 배울 학 해 년
② **오색**(五 色) 흰색, 까만색, 파란색, 빨간색, 노란색의 다섯 가지 색깔. 또는 여러 색깔 국어활동 3·1
　　다섯 오 빛 색
③ **오미자**(五 味 子) 단맛, 신맛, 쓴맛, 짠맛, 매운맛의 다섯 가지 맛이 나는 열매 국어 3·1(나)
　　다섯 오 맛 미 아들 자
④ **오행시**(五 行 詩) 시행(詩行)이 다섯 개인 시 국어 4·1(가)
　　다섯 오 다닐 행 시 시
⑤ **오선지**(五 線 紙) 악보를 그릴 수 있는 다섯 줄이 그어진 종이
　　다섯 오 줄 선 종이 지
⑥ **오일장**(五 日 場) 5일마다 열리는 시장
　　다섯 오 날 일 마당 장

1 다음 한자의 뜻(훈)과 소리(음)를 써 보세요.

五　　뜻(훈): ＿＿＿＿＿＿＿＿　　소리(음): ＿＿＿＿＿＿＿＿

2 다음 문장 중 밑줄 친 글자의 한자를 찾아 번호를 써 보세요.

보기 　①二　②五　③三　④一　⑤四

저는 **1**년 중에 **2**월하고 **5**월을 제일 좋아해요.

[ ] [ ] [ ]

3 다음 **다섯 오** 한자를 순서대로 써 보세요.

부수 二 (두이, 2획) 획수 총 4획

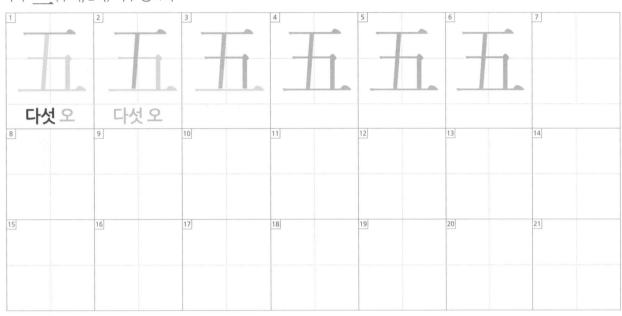

1	2	3	4	5	6	7
다섯 오	다섯 오					
8	9	10	11	12	13	14
15	16	17	18	19	20	21

4 다음 단어와 뜻을 알맞게 선으로 이어 보세요.

① 五行詩 ·
　다닐 행　시 시

② 五日場 ·
　날 일　마당 장

③ 五色 ·
　빛 색

· 5일마다 열리는 시장

· 시행이 다섯 개인 시

· 여러 가지 색깔

5 다음 그림 중 **다섯 오** 한자와 관련이 있는 것을 고르세요. ·················· [　　　]

①

②

③

끝난 시간 ☐ 시 ☐ 분 **1회 분 푸는 데 걸린 시간** ☐ 분 **5문제 중** ☐ 개 3번은 정확히 다 써야 정답입니다. 스스로 붙임딱지

● 그림을 보고 빈칸에 알맞은 한자를 써 보세요.

보기   一(한 일) / 二 / 三 / 四 / 五

1   노루 [ ] 마리가 연못을 바라보고 있어요.

2   [ ] 그루의 나무가 들판에 심어져 있어요.

3   백조 [ ] 마리가 연못에서 목욕하고 있어요.

4   [ ] 마리의 토끼가 풀밭에서 쉬고 있어요.

5   들판에는 [ ] 마리의 다람쥐가 놀고 있어요.

2주차

 주간학습계획표

회차	학습 내용	학습 계획일
06회	六 여섯 육	월 일
07회	七 일곱 칠	월 일
08회	八 여덟 팔	월 일
09회	九 아홉 구	월 일
10회	十 열 십	월 일

六

뜻(훈)　여섯
소리(음)　육
영어　six 여섯

여섯

여섯 육

여섯 육

[**여섯 육**은 **손으로 숫자 6을 나타낸 모습**을 보고 만들었습니다.]

육이라고 읽으며 여섯, 여섯 번 등의 뜻이 있습니다.

예문 벌집은 육각형 모양이야.
= 벌집은 여섯 개의 각이 있는 도형 모양이야.

📖 교과어휘

① **육학년**(六 學 年) 초등학교의 가장 마지막 학년 국어 6-1(가)
　　여섯육 배울 학 해 년
② **유월**(六 月) 일 년 열두 달 중 여섯 번째 달. 쉬운 발음을 위해 '육월'이 아닌 '유월'로 읽음
　　여섯육 달 월
③ **육각형**(六 角 形) 여섯 개의 각이 있는 도형
　　여섯육 뿔 각 모양 형

---

1 다음 한자의 뜻(훈)과 소리(음)를 써 보세요.

六　　뜻(훈): ＿＿＿＿＿＿＿＿　　소리(음): ＿＿＿＿＿＿＿＿

2 다음 문장 중 밑줄 친 글자의 한자를 찾아 번호를 써 보세요.

보기　①四　②二　③三　④五　⑤六

나는 오늘 사탕 **3**개와 젤리 **6**개를 먹었다.

[　]　[　]

3 다음 **여섯 육** 한자를 순서대로 써 보세요.

부수 八 (여덟팔, 2획) 획수 총 4획

1 六	2 六	3 六	4 六	5 六	6 六	7
여섯 육	**여섯** 육					
8	9	10	11	12	13	14
15	16	17	18	19	20	21

4 다음 단어와 뜻을 알맞게 선으로 이어 보세요.

① 六角形 ·
뿔 각　모양 형

② 六學年 ·
배울 학　해 년

③ 六月 ·
달 월

· 초등학교의 가장 마지막 학년

· 각이 여섯 개인 도형

· 일 년 중 여섯 번째 달

5 다음 그림 중 **여섯 육** 한자와 관련이 있는 것을 고르세요. ·········· [　　　]

① ② ③

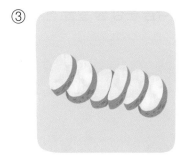

끝난 시간 [　]시 [　]분 1회 분 푸는 데 걸린 시간 [　]분 5문제 중 [　]개 3번은 정확히 다 써야 정답입니다. 스스로 붙임딱지

공부한 날 [ ] 월 [ ] 일

시작 시간 [ ] 시 [ ] 분

七

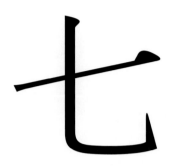 일곱

 일곱 칠

 일곱 칠

뜻(훈)　일곱

소리(음)　칠

영어　seven 일곱

[일곱 칠은 **손으로 숫자 7을 나타낸 모습**을 보고 만들었습니다.]

칠이라고 읽으며 일곱, 일곱 번 등의 뜻이 있습니다.

예문 칠월칠석은 견우와 직녀가 만나는 날이야.
= 음력 7월 7일은 견우와 직녀가 만나는 날이야.

📖 교과어휘

① **칠월칠석**(七 月 七 夕) 음력 7월 7일. 견우와 직녀가 1년에 한 번 오작교에서 만나는 날
일곱칠 달월 일곱칠 저녁석

② **칠순**(七 旬) 70세를 이르는 말
일곱칠 열흘순

③ **북두칠성**(北 斗 七 星) 국자 모양을 이루는 일곱 개의 별 가을 2-2
북녘북 말두 일곱칠 별성

④ **칠면조**(七 面 鳥) 머리에서 목까지의 피부가 여러 가지 색으로 변하는 새
일곱칠 낯면 새조

1 다음 한자의 뜻(훈)과 소리(음)를 써 보세요.

七 　뜻(훈): _____ 　소리(음): _____

2 다음 문장 중 밑줄 친 부분을 한자로 써 보세요.

> 2 더하기 5는 **7**이다.

7 [ ]

3 다음 **일곱 칠** 한자를 순서대로 써 보세요.

부수 ー(한일, 1획) 획수 총 2획

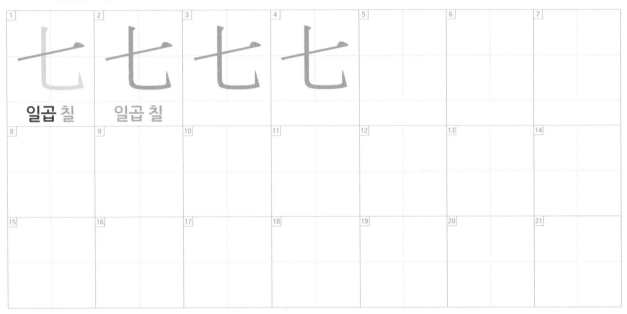

일곱 칠   일곱 칠

4 다음 단어와 뜻을 알맞게 선으로 이어 보세요.

① 七旬　　　・
　　열흘 순

② 北斗七星・
　북녘북 말두 　별성

③ 七月七夕・
　　달월 　저녁 석

・ 음력 7월 7일. 견우와 직녀가 만나는 날

・ 국자 모양인 일곱 개의 별

・ 70세

5 다음 문장 중 빈칸에 공통으로 들어갈 알맞은 단어를 골라 보세요. ……………………… [　　　]

탐험가들이 사막에서 길을 잃었을 때였습니다. 한 사람이 밤하늘을 가리키며 말했습니다.
"(　　　　)을/를 보니 이쪽으로 가는 게 맞아요! (　　　　)은/는 하늘에서 사계절 내내 볼
수 있기 때문에 이것을 보고 방향을 찾을 수 있어요."

① 칠순(七旬)
　　　열흘 순

② 북두칠성(北斗七星)
　　　북녘북 말두 　별성

③ 칠면조(七面鳥)
　　　　　낱면 　새조

끝난 시간 [　]시 [　]분　**1회 분 푸는 데 걸린 시간** [　]분　📑 **5문제 중** [　]개　3번은 정확히 다 써야 정답입니다.　스스로 붙임딱지

 공부한 날 [　] 월 [　] 일

시작 시간 [　] 시 [　] 분

八

 여덟

 여덟 팔

 여덟 팔

뜻(훈)　여덟

소리(음)　팔

영어　eight 여덟

[여덟 팔은 **손으로 숫자 8을 나타낸 모습**을 보고 만들었습니다.]

팔이라고 읽으며 여덟, 여덟 번, 나누다 등의 뜻이 있습니다.

예문 우리 할머니는 올해 팔순이셔.
= 우리 할머니는 올해 80세셔.

📖 교과어휘

① **팔월**(八 月) 일 년 열두 달 중 여덟 번째 달 가을
　　여덟 팔　달 월　　　　　　　　　　　　　　　　　　1-2
② **팔각형**(八 角 形) 여덟 개의 각이 있는 도형
　　여덟 팔 뿔 각 모양 형
③ **팔순**(八 旬) 80세를 이르는 말
　　여덟 팔 열흘 순
④ **팔방미인**(八 方 美 人) 여러 방면에서 재주가 뛰어난 사람
　　여덟 팔　모 방 아름다울 미 사람 인
⑤ **팔도**(八 道) 우리나라 전체를 이르는 말
　　여덟 팔 길 도
⑥ **사방팔방**(四 方 八 方) 모든 방향이나 방면
　　넉 사 모 방 여덟 팔 모 방

---

1 다음 한자의 뜻(훈)과 소리(음)를 써 보세요.

八　　뜻(훈): _____　　소리(음): _____

2 다음 문장 중 밑줄 친 부분을 한자로 써 보세요.

일 년 중 가장 더운 달은 **팔**월이야.

팔 [　]

3 다음 **여덟 팔** 한자를 순서대로 써 보세요.

부수 八 (여덟팔, 2획) 획수 총 2획

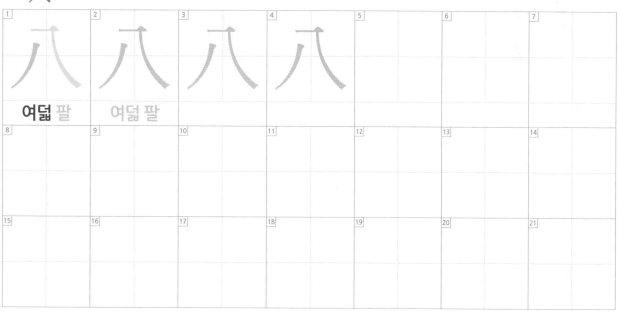

1	2	3	4	5	6	7
여덟 팔	여덟 팔					
8	9	10	11	12	13	14
15	16	17	18	19	20	21

4 다음 단어와 뜻을 알맞게 선으로 이어 보세요.

① 四方八方 ·
  넉사 모방 모방

② 八角形 ·
  뿔각 모양형

③ 八旬 ·
  열흘순

· 여덟 개의 각이 있는 도형

· 모든 방향이나 방면

· 80세

5 다음 문장 중 밑줄 친 부분이 뜻하는 단어를 골라 보세요. ·········· [   ]

조선시대 때 김정호는 **우리나라 전체**가 모두 그려진 지도를 만들었다.

① 팔도(八道)
  길도

② 팔방미인(八方美人)
  모 방 아름다울 미 사람 인

③ 팔월(八月)
  달월

끝난 시간 [ ]시 [ ]분 1회 분 푸는 데 걸린 시간 [ ]분 5문제 중 [ ]개 3번은 정확히 다 써야 정답입니다. 스스로 붙임딱지

九

뜻(훈)　아홉
소리(음)　구
영어　nine 아홉

아홉

아홉 구

아홉 구

[아홉 구는 **손으로 숫자 9를 나타낸 모습**을 보고 만들었습니다.]

구라고 읽으며 아홉, 아홉 번, 많은 수 등의 뜻이 있습니다.

예문 나는 구구단을 다 외우고 있어!
= 나는 1부터 9까지 곱한 수를 다 외우고 있어!

📖 교과어휘

① **구월**(九 月) 일 년 열두 달 중 아홉 번째 달
　　아홉구 달 월
② **구구단**(九 九 段) 1부터 9까지의 두 수를 곱한 곱셈표
　　아홉구 아홉구 층계 단
③ **구미호**(九 尾 狐) 아홉 개의 꼬리를 가진 여우
　　아홉구 꼬리 미 여우 호
④ **구사일생**(九 死 一 生) 힘든 상황을 여러 번 겪고 극복해냄
　　아홉구 죽을사 한 일 날 생

1　다음 한자의 뜻(훈)과 소리(음)를 써 보세요.

九　뜻(훈): _____　소리(음): _____

2　다음 문장 중 밑줄 친 부분을 한자로 써 보세요.

구구단을 이용하면 수학 문제를 쉽게 풀 수 있어.

구 [　]

3 다음 **아홉 구** 한자를 순서대로 써 보세요.

부수 乙(새을, 1획) 획수 총 2획

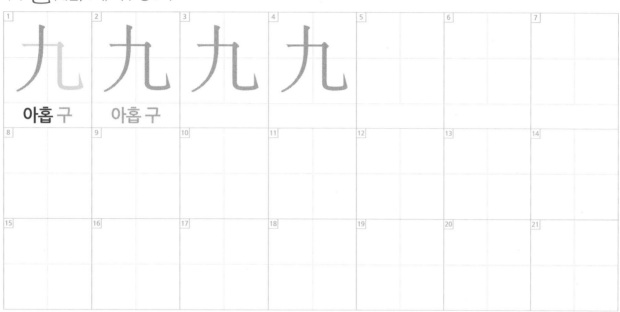

1 九 **아홉** 구	2 九 아홉 구	3 九	4 九	5	6	7
8	9	10	11	12	13	14
15	16	17	18	19	20	21

4 다음 단어와 뜻을 알맞게 선으로 이어 보세요.

① 九月
　　달 월

② 九尾狐
　꼬리 미 여우 호

③ 九死一生
죽을 사 한 일 날 생

・ 꼬리가 아홉 개인 여우

・ 힘든 상황을 여러 번 겪고 극복해냄

・ 일 년 중 아홉 번째 달

5 다음 그림 중 **아홉 구** 한자와 관련이 있는 것을 고르세요. ⋯⋯⋯⋯⋯⋯⋯⋯⋯⋯ [　　　]

① 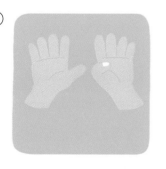　② 　③

 끝난 시간 [　] 시 [　] 분 **1회 분 푸는 데 걸린 시간** [　] 분   **5문제 중** [　] 개 3번은 정확히 다 써야 정답입니다. 스스로 붙임딱지

뜻(훈)	열
소리(음)	십
영어	ten 열

[**열 십**은 **두 손을 엇갈리게 놓은 모양**을 보고 만들었습니다.]

십이라고 읽으며 열, 열 번, 전부 등의 뜻이 있습니다.

예문 시월의 날씨는 쌀쌀해.
= 일 년 중 열 번째 달의 날씨는 쌀쌀해.

📖 **교과어휘**

① **시월**(十 月) 일 년 열두 달 중 열 번째 달. 쉬운 발음을 위해 '십월'이 아닌 '시월'로 읽음
　　　　열십 달월
② **십자**(十 字) ✚자 모양　　국어 2-2(가)
　　　　열십 글자자
③ **십자수**(十 字 繡) 실을 ✚자 모양으로 놓는 수
　　　　열십 글자자 수놓을수
④ **십리**(十 里) 약 4km　　겨울 2-2
　　　　열십 마을리

---

1 다음 한자의 뜻(훈)과 소리(음)를 써 보세요.

十　　뜻(훈): ＿＿＿＿＿＿＿＿＿＿　　소리(음): ＿＿＿＿＿＿＿＿＿＿

2 다음 문장 중 밑줄 친 부분을 한자로 써 보세요.

내 동생은 **열** 살이야.

열 [　]

3 다음 **열 십** 한자를 순서대로 써 보세요.

부수 十(열십, 2획) 획수 총 2획

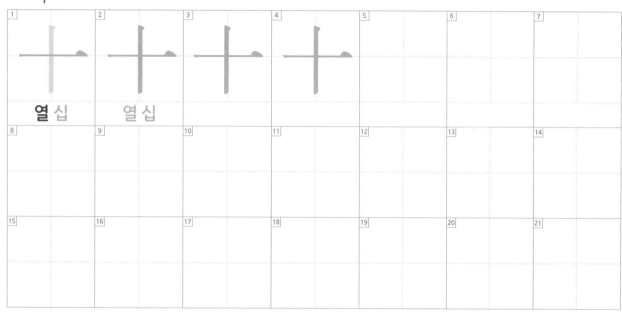

1	2	3	4	5	6	7
열 십	열 십					
8	9	10	11	12	13	14
15	16	17	18	19	20	21

4 다음 단어와 뜻을 알맞게 선으로 이어 보세요.

① 十月 ·
   달 월
② 十字 ·
   글자 자
③ 十里 ·
   마을 리

· 十 자 모양

· 일 년 중 열 번째 달

· 약 4km

5 다음 그림 중 **열 십** 한자와 관련이 있는 것을 고르세요. ············· [　　]

①    ②    ③

● 빈칸에 알맞은 한자를 써 보세요.

보기	二 / 四 / 六 / 七 / 八

1+3=4

一 + 三   九 - 七   十 - 二   五 + 一   四 + 三

			四	

3주차

 주간학습계획표

회차	학습내용		학습계획일
11회	月 달월		☐ 월 ☐ 일
12회	火 불화		☐ 월 ☐ 일
13회	水 물수		☐ 월 ☐ 일
14회	木 나무목		☐ 월 ☐ 일
15회	金 쇠금		☐ 월 ☐ 일

月

뜻(훈) 달

소리(음) 월

영어 moon 달

[달 월은 **밤에 뜨는 초승달의 모양**을 보고 만들었습니다.]

월이라고 읽으며 달, 세월, 한 달, 달마다 등의 뜻이 있습니다.

예문 우리 반은 매월 자리를 바꿔.
= 우리 반은 달마다 자리를 바꿔.

📖 교과어휘

① **월**요일(月 曜 日) 일주일의 첫 번째 날 국어 2-1(가)
　　　 달 월 빛날 요 날 일
② **매월**(每 月) 각각의 모든 달. 또는 매달
　　 매양 매 달 월
③ **세월**(歲 月) 흘러가는 시간 국어 3-1(나)
　　 해 세 달 월
④ **월급**(月 給) 한 달 동안 일한 것에 대해 받는 돈 국어 2-1(나)
　　 달 월 줄 급
⑤ **정월대보름**(正 月 大 보름) 음력 1월 15일로, 우리나라의 명절 중 하나. 쥐불놀이 등의 여러 민속놀이를 함 국어 3-1(가)
　　　　　 바를 정 달 월 큰 대
⑥ **월병**(月 餅) 중국에서 추석 때 달처럼 동그랗게 만들어 먹는 떡 국어 2-2(나)
　　 달 월 떡 병

---

1 다음 한자의 뜻(훈)과 소리(음)를 써 보세요.

月 　　뜻(훈): ＿＿＿＿＿＿＿　　소리(음): ＿＿＿＿＿＿＿

2 다음 문장 중 밑줄 친 부분을 한자로 써 보세요.

> 주말이 끝나고 **월**요일이 되어 학교에 갔다.

월

3 다음 **달 월** 한자를 순서대로 써 보세요.

月

月 月 月 月

부수 月(달월, 4획) 획수 총 4획

1	2	3	4	5	6	7
月	月	月	月	月	月	
달 월	**달** 월					
8	9	10	11	12	13	14
15	16	17	18	19	20	21

3주 11회 정답 129쪽

4 다음 단어와 뜻을 알맞게 선으로 이어 보세요.

① 月給 ·
줄 급

② 歲月 ·
해 세

③ 月曜日 ·
빛날요 날 일

· 한 달 동안 일한 것에 대해 받는 돈

· 일주일의 첫 번째 날

· 흘러가는 시간

5 다음 문장 중 빈칸에 들어갈 알맞은 단어를 골라 보세요. ··········· [   ]

(   )은 새해가 되고 처음으로 보름달이 뜨는 날입니다.

우리 조상들은 이날이 되면 농사가 잘 되길 빌며

다 같이 제사를 지내거나 오곡밥을 지어먹었습니다.

① 정월대보름(正月大보름)
바를정 큰대

② 월병(月餅)
떡병

③ 매월(每月)
매양 매

⏰ 끝난 시간 ☐ 시 ☐ 분 **1회 분 푸는 데 걸린 시간** ☐ 분 📋 **5문제 중** ☐ 개 3번은 정확히 다 써야 정답입니다. 스스로 붙임딱지

火

불

불 화

불 화

뜻(훈)　불
소리(음)　화
영어　fire 불

[불 화는 **타오르는 불의 모습**을 보고 만들었습니다.]

화라고 읽으며 불, 열, 빛, 화재 등의 뜻이 있습니다.

예문 교실 뒤편에 소화기가 놓여있다.
　　 = 교실 뒤편에 불을 끄는 기구가 놓여있다.

📖 교과어휘

① **화요일**(火 曜 日) 일주일의 두 번째 날 국어 1-1(나)
　　불 화 빛날 요 날 일

② **화산**(火 山) 땅속에 뜨거운 마그마가 있는 산 사회 3-1
　　불 화 메 산

③ **소화기**(消 火 器) 불을 끄는 기구 국어활동 3-2
　　사라질 소 불 화 그릇 기

④ **화재**(火 災) 큰 불이 일어난 것 가을 1-2
　　불 화 재앙 재

⑤ **화약**(火 藥) 불을 붙이면 폭발하도록 만든 것 국어 5-1(가)
　　불 화 약 약

---

1 다음 한자의 뜻(훈)과 소리(음)를 써 보세요.

火　　뜻(훈): _____　　소리(음): _____

2 다음 문장 중 밑줄 친 부분을 한자로 써 보세요.

백두산과 한라산은 **화**산이야.

화

3 다음 **불 화** 한자를 순서대로 써 보세요.

火 火 火 火

부수 火 (불화, 4획) 획수 총 4획

1 火 불화	2 火 불화	3 火	4 火	5 火	6 火	7
8	9	10	11	12	13	14
15	16	17	18	19	20	21

4 다음 단어와 뜻을 알맞게 선으로 이어 보세요.

① 火藥
약 약

② 消火器
사라질 소 그릇 기

③ 火山
메 산

· 불을 끄는 기구

· 불을 붙이면 폭발하도록 만든 것

· 땅속에 뜨거운 마그마가 있는 산

5 다음 문장 중 빈칸에 들어갈 알맞은 단어를 골라 보세요. ·········· [   ]

( ) 을/를 예방하기 위해서는 어떻게 해야 할까요? 물이 묻은 손으로 전기 코드를 만져서는 안 되고 평소에 작은 불씨도 잘 살피는 습관을 길러야 합니다.

① 화요일 (火曜日)
빛날 요 날 일

② 화재 (火災)
재앙 재

③ 화산 (火山)
메 산

끝난 시간 [ ] 시 [ ] 분 **1회 분 푸는 데 걸린 시간** [ ] 분 **5문제 중** [ ] 개 3번은 정확히 다 써야 정답입니다. 스스로 붙임딱지

공부한 날 ☐월 ☐일

시작 시간 ☐시 ☐분

水

뜻(훈)　물

소리(음)　수

영어　water 물

물

물 수

물 수

[물 수는 **물이 흐르는 모습**을 보고 만들었습니다.]

수라고 읽으며 물, 강물, 액체, 헤엄치다 등의 뜻이 있습니다.

예문 은재는 수영을 잘해.
= 은재는 물속에서 헤엄을 잘 쳐.

📖 교과어휘

① **수요일**(水 曜 日) 일주일의 세 번째 날　국어 1-1(나)
　　　　물 수 빛날요 날 일
② **음료수**(飮 料 水) 목마름을 달래거나 맛을 즐기기 위한 마실 것　국어활동 1-1
　　　　마실 음 헤아릴료 물 수
③ **수영**(水 泳) 물속에서 헤엄치는 것　국어 2-1(나)
　　　　물 수 헤엄칠 영
④ **수도꼭지**(水 道 꼭지) 수돗물이 나오는 곳　국어활동 2-1
　　　　물 수 길 도
⑤ **수족관**(水 族 館) 물에 사는 생물들을 모아 놓은 곳　사회 3-1
　　　　물 수 겨레족 집 관
⑥ **해수욕장**(海 水 浴 場) 물놀이를 할 수 있는 바닷가　사회 4-1
　　　　바다 해 물 수 목욕할 욕 마당 장

1 다음 한자의 뜻(훈)과 소리(음)를 써 보세요.

水 　뜻(훈): ＿＿＿＿＿＿＿＿ 　소리(음): ＿＿＿＿＿＿＿＿

2 다음 문장 중 밑줄 친 부분을 한자로 써 보세요.

소윤이는 목이 말라서 음료<u>수</u>를 마셨다.

수 ☐

3 다음 물 수 한자를 순서대로 써 보세요.

水　水　水　水

부수 水 (물수, 4획) 획수 총 4획

1 水	2 水	3 水	4 水	5 水	6 水	7
물 수	물 수					
8	9	10	11	12	13	14
15	16	17	18	19	20	21

4 다음 단어와 뜻을 알맞게 선으로 이어 보세요.

① 水道 꼭지 ·
길 도

② 飲料水 ·
마실 음 헤아릴 료

③ 水泳 ·
헤엄칠 영

· 수돗물이 나오는 곳

· 목마름을 달래거나 맛을 즐기기 위한 마실 것

· 물속에서 헤엄치는 것

5 다음 그림 중 물 수 한자와 관련이 있는 것을 고르세요. ·············· [　　　]

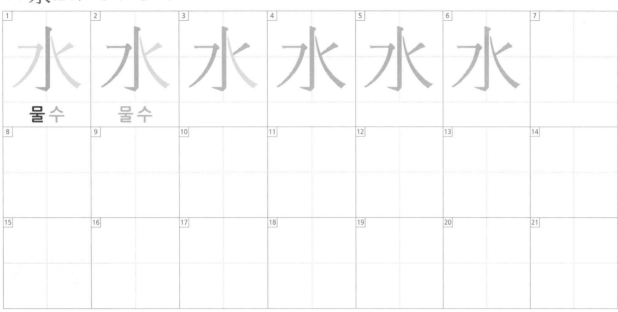

① ② ③

끝난 시간 　시 　분 1회 분 푸는 데 걸린 시간 　분 5문제 중 　개 3번은 정확히 다 써야 정답입니다. 스스로 붙임딱지

木

나무

나무 목

나무 목

뜻(훈)	나무
소리(음)	목
영어	tree 나무

[**나무 목**은 **나무의 모양**을 보고 만들었습니다.]

목이라고 읽으며 나무, 목재 등의 뜻이 있습니다.

예문 이 의자는 목재로 만든 의자야.
= 이 의자는 나무로 된 재료로 만든 의자야.

📖 교과어휘

① **목요일**(木 曜 日) 일주일의 네 번째 날 국어 2-1(나)
   나무 목 빛날 요 날 일

② **회전목마**(回 轉 木 馬) 나무로 만든 말이 회전하는 놀이기구 국어 1-2(나)
   돌아올 회 구를 전 나무 목 말 마

③ **목련**(木 蓮) 3~4월에 피는 하얀 꽃 겨울 2-2
   나무 목 연꽃 련

④ **목화**(木 花) 솜을 만들 수 있는 꽃 국어 3-2(가)
   나무 목 꽃 화

⑤ **목성**(木 星) 태양계에서 가장 큰 행성 국어 6-1(가)
   나무 목 별 성

⑥ **목재**(木 材) 나무로 된 재료
   나무 목 재목 재

1 다음 한자의 뜻(훈)과 소리(음)를 써 보세요.

木   뜻(훈): _____   소리(음): _____

2 다음 문장 중 밑줄 친 부분을 한자로 써 보세요.

목성은 엄청 많은 위성을 가지고 있다.

목	

3 다음 **나무 목** 한자를 순서대로 써 보세요.

木　木　木　木

부수 木(나무목, 4획) 획수 총 4획

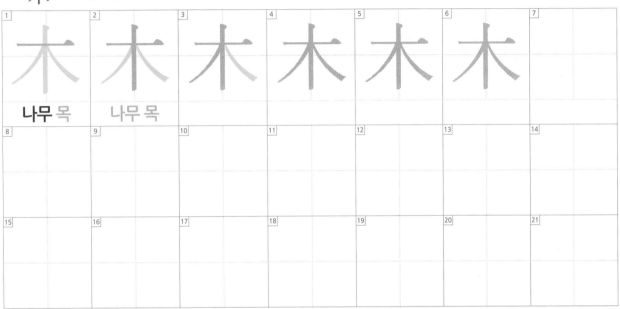

1	2	3	4	5	6	7
木	木	木	木	木	木	
나무 목	**나무 목**					
8	9	10	11	12	13	14
15	16	17	18	19	20	21

3주

14
회

정답
129쪽

4 다음 단어와 뜻을 알맞게 선으로 이어 보세요.

① 木曜日 ·
　빛날요　날일

② 木蓮 ·
　연꽃 련

③ 木花 ·
　꽃화

· 일주일의 네 번째 날

· 솜을 만들 수 있는 꽃

· 3~4월에 피는 하얀 꽃

5 다음 문장 중 빈칸에 들어갈 알맞은 단어를 골라 보세요. ……………………………… [　]

나는 누구일까요? 나는 놀이공원에 있는 놀이기구 중 하나예요.

커다랗고 동그란 판 위에서 나무로 만든 말들이 위아래로 움직여요.

나는 바로 (　　　　　)입니다.

① 목련(木蓮)
　　　　연꽃 련

② 목재(木材)
　　　　재목 재

③ 회전목마(回轉木馬)
　　　　　　돌아올 회 구를 전　말 마

끝난 시간 　시 　분　**1회 분 푸는 데 걸린 시간** 　분　**5문제 중** 　개　3번은 정확히
다 써야 정답입니다.　스스로
붙임딱지

金

쇠

쇠 금

쇠 금

뜻(훈)	쇠
소리(음)	금
영어	gold 금

[**쇠 금**은 **땅속에 있는 두 개의 광물**을 보고 만들었습니다.]

금이라고 읽으며 쇠, 금, 돈 등의 뜻이 있습니다.

* 金은 '성씨 김'의 뜻도 있습니다. 예 김유신(金庾信)

예문 가지고 있던 현금으로 붕어빵을 사먹었다.

= 가지고 있던 지폐로 붕어빵을 사먹었다.

📖 교과어휘

① **금요일**(金 曜 日) 일주일의 다섯 번째 날 국어 1-1(나)
쇠 금 빛날 요 날 일

② **금상**(金 賞) 금, 은, 동 중에 일등이 받는 상 국어 3-1(가)
쇠 금 상줄 상

③ **황금**(黃 金) 노란색 금 국어 5-1(나)
누를 황 쇠 금

④ **현금**(現 金) 지폐나 동전
나타날 현 쇠 금

⑤ **김유신**(金 庾 信) 신라의 삼국통일에 큰 역할을 한 장군 사회 3-1
성씨 김 곳집 유 믿을 신

---

1 다음 한자의 뜻(훈)과 소리(음)를 써 보세요.

金 뜻(훈): _____   소리(음): _____

2 다음 문장 중 밑줄 친 부분을 한자로 써 보세요.

우리 학교 급식은 <u>금</u>요일마다 맛있는 반찬이 나온다.

금 [ ]

3 다음 **쇠 금** 한자를 순서대로 써 보세요.

金 金 金 金 金 金 金 金

부수 金 (쇠금, 8획) 획수 총 8획

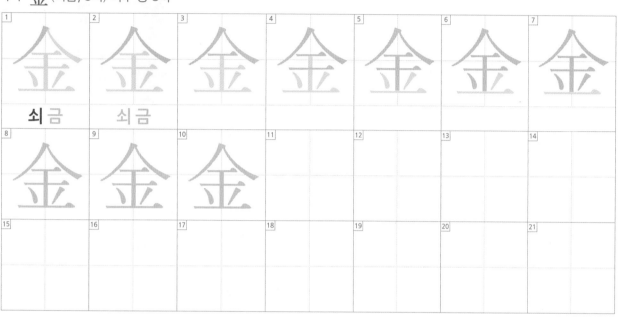

1 金 **쇠**금	2 金 쇠금	3 金	4 金	5 金	6 金	7 金
8 金	9 金	10 金	11	12	13	14
15	16	17	18	19	20	21

4 다음 단어와 뜻을 알맞게 선으로 이어 보세요.

① 金庾信 ·
   곳집 유 믿을 신

② 金賞 ·
   상줄 상

③ 現金 ·
   나타날 현

· 지폐나 동전

· 금, 은, 동 중에 일등이 받는 상

· 삼국통일을 이끈 신라시대 장군

5 다음 문장 중 밑줄 친 부분이 뜻하는 단어를 골라 보세요. ·················· [   ]

> 어느 날 오리 한 마리가 할아버지의 집으로 걸어 들어와, **노란색의 금**을 낳기 시작했습니다. 할아버지는 그 알을 시장에 팔아서 큰 부자가 되었습니다.

① 현금(現金)
   나타날 현

② 황금(黃金)
   누를 황

③ 금요일(金曜日)
   빛날 요 날 일

끝난 시간 ☐ 시 ☐ 분 **1회 분 푸는 데 걸린 시간** ☐ 분 ⭐ **5문제 중** ☐ 개 3번은 정확히 다 써야 정답입니다. 스스로 붙임딱지

● 밑줄 친 글자의 한자를 찾아 번호를 써 보세요.

금도끼 은도끼

어느 산 속 깊은 곳에 아주 멋지고 큰 연못이 있었습니다. 연못 옆에서 나무를 하던 나무꾼은 실수로 도끼를 **물**에 빠뜨리고 말았습니다.
4

그런데 갑자기 연못에서 산신령이 **금**도끼를 들고 나타나 "이것이 네 것이냐"하고 물었습니다. 나무꾼이 자신의 것이 아니라고 답했습니다

산신령은 "그럼 이 은도끼가 네 것이냐"하고 물었습니다.

나무꾼은 "아닙니다. 제 것은 손잡이가 **나무**로 된 헌 도끼입니다."라고 대답했습니다.

그러자 산신령이 이번에는 연못에서 낡은 도끼를 가지고 와서 보여주었습니다.

허름한 도끼를 본 나무꾼은 산신령께 자신의 것이 맞다고 말했습니다.

"욕심 부리지 않고 정직하게 사실만을 말하다니, 정말 훌륭한 인간이로구나. 너에게 이 도끼 **세** 자루를 모두 주겠다."

나무꾼의 정직함에 감동한 산신령은 나무꾼에게 금도끼와 은도끼까지 다 주었습니다.

보기 ① 木 ② 三 ③ 金 ④ 水 (물 수)

4주차

 주간학습계획표

회차	학습내용		학습계획일	
16회	土 흙 토		☐ 월	☐ 일
17회	日 날 일		☐ 월	☐ 일
18회	年 해 년(연)		☐ 월	☐ 일
19회	山 메 산		☐ 월	☐ 일
20회	寸 마디 촌		☐ 월	☐ 일

土

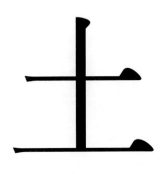   

뜻(훈)	흙
소리(음)	토
영어	soil 흙

[흙 토는 **쌓여 있는 흙 덩어리**를 보고 만들었습니다.]

토라고 읽으며 흙, 토양, 땅, 장소 등의 뜻이 있습니다.

예문 이 토기는 옛날에 만들어진 거야.
= 이 흙으로 만든 그릇은 옛날에 만들어진 거야.

📖 교과어휘

① **토요일**(土 曜 日) 일주일의 여섯 번째 날 국어 1·2(나)
　　 흙토 빛날요 날일
② **지점토**(紙 粘 土) 종이, 점토, 접착제 등을 섞어 만든 찰흙 겨울 1·2
　　 종이지 붙을점 흙토
③ **황토**(黃 土) 누르스름한 색의 흙 겨울 1·2
　　 누를황 흙토
④ **토기**(土 器) 흙으로 만든 그릇
　　 흙토 그릇기
⑤ **국토**(國 土) 한 나라의 땅 사회 3·1
　　 나라국 흙토
⑥ **토지**(土 地) 사람이 살거나 농사를 짓는 땅
　　 흙토 땅지

---

1 다음 한자의 뜻(훈)과 소리(음)를 써 보세요.

土　　뜻(훈): ＿＿＿＿＿＿＿＿　　소리(음): ＿＿＿＿＿＿＿＿

2 다음 문장 중 밑줄 친 부분을 한자로 써 보세요.

미술 시간에 지점**土**로 공룡을 만들었어.

토

3 다음 **흙 토** 한자를 순서대로 써 보세요.

부수 土 (흙토, 3획) 획수 총 3획

1 土	2 土	3 土	4 土	5 土	6	7
흙토	**흙**토					
8	9	10	11	12	13	14
15	16	17	18	19	20	21

4 다음 단어와 뜻을 알맞게 선으로 이어 보세요.

① 紙粘土 ·
　종이 지　붙을 점

② 土曜日 ·
　　빛날 요　날 일

③ 國土 ·
　나라 국

· 나라의 땅

· 일주일의 여섯 번째 날

· 종이에 여러 가지를 섞어 만든 찰흙

5 다음 문장 중 빈칸에 들어갈 알맞은 단어를 골라 보세요. ·········· [　　　　]

　　　나는 무엇일까요? 나는 나쁜 세균과 곰팡이를 없앨 수 있습니다. 그래서 찜질방에 가면 나를 이용해 만든 방도 볼 수 있습니다. 나는 (　　　　)입니다.

① 황토(黃土)
　　　누를 황

② 토기(土器)
　　　　그릇 기

③ 토지(土地)
　　　　땅 지

끝난 시간 　시 　분 **1회 분 푸는 데 걸린 시간** 　분 ⭐**5문제 중** 　개 | 3번은 정확히 다 써야 정답입니다. | 스스로 붙임딱지

日

날 | 날 일 | 날 일

뜻(훈)　날
소리(음)　일
영어　day 날

[날 일은 **하늘에 떠 있는 해의 모양**을 보고 만들었습니다.]

일이라고 읽으며 날짜, 요일 등의 뜻이 있습니다.

* 日은 '해 일'의 뜻도 있습니다. 예 일출(日出)

예문 오늘은 내 생일이야.
　　= 오늘은 내가 태어난 날이야.

📖 교과어휘

① **일요일**(日 曜 日) 일주일의 마지막 날　국어활동 1-1
　　날 일 빛날 요 날 일
② **생일**(生 日) 태어난 날　국어 1-1(나)
　　날 생 날 일
③ **일기**(日 記) 그날 있었던 일이나 생각, 느낌 같은 것을 매일 쓰는 것　국어 1-1(나)
　　날 일 기록할 기
④ **일상**(日 常) 맨날 반복되는 생활　국어 4-2(나)
　　날 일 항상 상
⑤ **일시**(日 時) 날짜와 시간　사회 4-1
　　날 일 때 시
⑥ **일출**(日 出) 해가 떠오르는 것　국어 5-1(나)
　　해 일 날 출

1　다음 한자의 뜻(훈)과 소리(음)를 써 보세요.

日　　뜻(훈): ＿＿＿＿＿＿＿＿　　소리(음): ＿＿＿＿＿＿＿＿

2　다음 문장 중 밑줄 친 부분을 한자로 써 보세요.

우리 가족은 **일**요일 저녁마다 외식을 한다.

일 [　]

3 다음 **날 일** 한자를 순서대로 써 보세요.

부수 日 (날일, 4획) 획수 총 4획

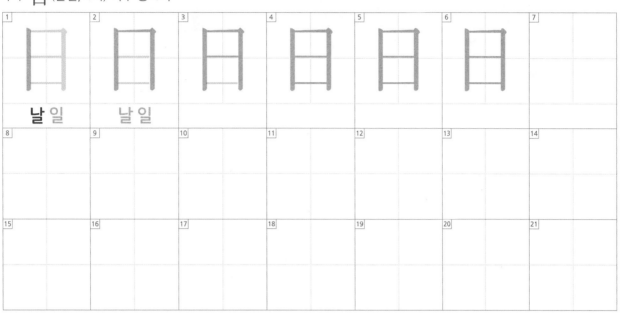

1	2	3	4	5	6	7
날 일	날 일					
8	9	10	11	12	13	14
15	16	17	18	19	20	21

4
주

17
회

정답
130쪽

4 다음 단어와 뜻을 알맞게 선으로 이어 보세요.

① 日時 ·
때 시

② 日出 ·
날 출

③ 日常 ·
항상 상

· 맨날 반복되는 생활

· 해가 떠오르는 것

· 날짜와 시간

5 다음 문장 중 빈칸에 들어갈 알맞은 단어를 골라 보세요. ································ [   ]

임진왜란 때 이순신 장군은 반드시 나라를 지켜내겠다는 마음으로
전쟁의 상황, 자신의 기분 등을 적은 (   )을/를 썼습니다.
그 기록은 지금까지도 보존되어 임진왜란 연구의 중요한 자료가
되고 있습니다.

① 일기(日記)
기록할 기

② 생일(生日)
날 생

③ 일요일(日曜日)
빛날 요

 끝난 시간 ☐ 시 ☐ 분 **1회 분 푸는 데 걸린 시간** ☐ 분 ⭐ **5문제 중** ☐ 개 3번은 정확히
다 써야 정답입니다. 스스로
붙임딱지

📅 공부한 날 ☐ 월 ☐ 일
⏱ 시작 시간 ☐ 시 ☐ 분

年

한 해

해 년

해 년

뜻(훈)　해
소리(음)　년(연)
영어　year 년

[해 년(연)은 **등에 벼를 지고 가는 사람의 모습**을 보고 만들었습니다.]

년(연)이라고 읽으며 나이, 때 등의 뜻이 있습니다.

예문 작년보다 올해 눈이 더 많이 왔어.
　 = 지난 해보다 올해 눈이 더 많이 왔어.

📖 교과어휘

① **학년**(學 年) 학교에서 일 년으로 나눈 학습 과정 기간 국어 2-2(가)
　배울 학 해 년
② **작년**(昨 年) 올해의 바로 전 해 가을 1-2
　어제 작 해 년
③ **생년월일**(生 年 月 日) 태어난 연도와 달, 날짜
　날 생 해 년 달 월 날 일
④ **매년**(每 年) 한 해 한 해마다 국어 3-1(나)
　매양 매 해 년
⑤ **풍년**(豊 年) 벼나 채소, 과일 등이 잘 자라서 수확이 많은 해 국어활동 3-2
　풍년 풍 해 년
⑥ **연령**(年 齡) 나이. 생물들이 살아온 햇수
　해 연 나이 령

---

1 다음 한자의 뜻(훈)과 소리(음)를 써 보세요.

年　뜻(훈): ＿＿＿＿＿＿＿＿　소리(음): ＿＿＿＿＿＿＿＿

2 다음 문장 중 밑줄 친 부분을 한자로 써 보세요.

나는 올해 초등학교 일학**년**이 되었다.

년 ☐

3 다음 **해 년** 한자를 순서대로 써 보세요.

年 年 年 年 年 年

부수 干(방패간, 3획) 획수 총 6획

1	2	3	4	5	6	7
年 해 년	年 해 년	年	年	年	年	年
8 年	9	10	11	12	13	14
15	16	17	18	19	20	21

4주

18회

정답 130쪽

4 다음 단어와 뜻을 알맞게 선으로 이어 보세요.

① 昨年　　　　·
어제 작

· 태어난 연도와 달, 날짜

② 生年月日·
·날 생　달 월　날 일

· 올해의 바로 전 해

③ 每年　　　·
매양 매

· 한 해 한 해마다

5 다음 문장 중 빈칸에 들어갈 알맞은 단어를 골라 보세요. ·························· [　　　　　]

(　　　　)은 벼나 채소, 과일 등이 잘 자라서 수확이 많은 해를 말합니다. 농부들은 봄이 되면, 올해 농사가 잘 되길 바라며 제사를 지내기도 합니다.

① 학년(學年)
배울 학

② 연령(年齡)
나이 령

③ 풍년(豊年)
풍년 풍

끝난 시간 □시 □분　1회 분 푸는 데 걸린 시간 □분　5문제 중 □개　3번은 정확히 다 써야 정답입니다.　스스로 붙임딱지

山

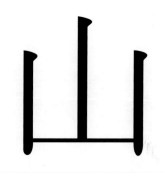
산

메 산

메 산

뜻(훈) 메
소리(음) 산
영어 mountain 산

[메 산은 **세 개의 봉우리가 있는 산**을 보고 만들었습니다.]

산이라고 읽으며 산, 무덤 등의 뜻이 있습니다.

예문 나는 방학에 가족들과 한라산에 다녀왔어.
= 나는 방학에 가족들과 제주도의 가운데에 있는 산에 다녀왔어.

📖 교과어휘

① **산신령**(山 神 靈) 산에 살고 있는 신령님
　　　메 산 귀신 신 신령 령
② **등산**(登 山) 운동이나 재미를 위해 산에 오름 ^{가을 1-2}
　　오를 등 메 산
③ **부산**(釜 山) 경상도의 대도시 ^{가을 1-2}
　　가마 부 메 산
④ **한라산**(漢 拏 山) 제주도의 가운데에 있으며 남한에서 가장 높은 산 ^{사회 3-1}
　　한나라 한 붙잡을 라 메 산
⑤ **산소**(山 所) 사람의 무덤을 높여 부르는 말 ^{가을 1-2}
　　메 산 바 소
⑥ **강산**(江 山) 강과 산. 자연 ^{겨울 1-2}
　　강 강 메 산

1 다음 한자의 뜻(훈)과 소리(음)를 써 보세요.

山　　뜻(훈): ＿＿＿＿＿＿＿＿＿　　소리(음): ＿＿＿＿＿＿＿＿＿

2 다음 문장 중 밑줄 친 부분을 한자로 써 보세요.

> 연못 속에서 **산**신령이 금도끼와 은도끼를 들고 나타났다.

산 [ ]

3 다음 메 산 한자를 순서대로 써 보세요.

부수 山 (메산, 3획) 획수 총 3획

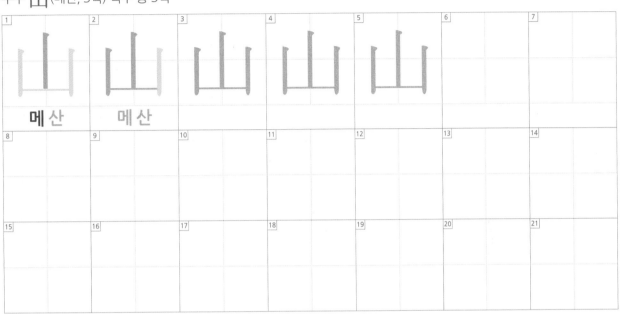

1 메 산	2 메 산	3	4	5	6	7
8	9	10	11	12	13	14
15	16	17	18	19	20	21

4 다음 단어와 뜻을 알맞게 선으로 이어 보세요.

① 山神靈 ·
　귀신 신　신령 령

② 江山 ·
　강 강

③ 山所 ·
　바 소

· 사람의 무덤

· 산에 사는 신령님

· 강과 산

5 다음 그림 중 메 산 한자와 관련이 있는 것을 고르세요. ……………………… [　　]

①

②

③

 끝난 시간 [　]시 [　]분 **1회 분 푸는 데 걸린 시간** [　]분 **5문제 중** [　]개 3번은 정확히 다 써야 정답입니다. 스스로 붙임딱지

뜻(훈)　마디

소리(음)　촌

영어 in kinship 촌수

마디

마디 촌

마디 촌

[마디 촌은 **한 손의 길이**를 보고 만들었습니다.]

촌이라고 읽으며 마디, 촌수, 조금 등의 뜻이 있습니다.

예문 나는 인예와 이웃사촌이야.
= 나는 인예와 가까운 이웃이야.

교과어휘

① **삼촌**(三 寸) 아버지나 어머니의 남자 형제　국어활동 1-1
　　석 삼 마디 촌
② **사촌**(四 寸) 아버지나 어머니의 형제자매의 자녀　가을 1-2
　　넉 사 마디 촌
③ **이웃사촌**(이웃 四 寸) 사촌 형제와 같이 가깝게 지내어 정이 든 이웃
　　　　넉 사 마디 촌
④ **촌수**(寸 數) 친척 사이에서 가깝고 먼 정도를 나타낸 수
　　마디 촌 셈 수

1　다음 한자의 뜻(훈)과 소리(음)를 써 보세요.

　뜻(훈): ＿＿＿＿＿＿＿＿＿　소리(음): ＿＿＿＿＿＿＿＿＿

2　다음 문장 중 밑줄 친 부분을 한자로 써 보세요.

> 이모의 딸과 나는 사**촌** 사이이다.

촌 [　]

3 다음 **마디 촌** 한자를 순서대로 써 보세요.

부수 寸(마디촌, 3획) 획수 총 3획

1 寸	2 寸	3 寸	4 寸	5 寸	6	7
마디 촌	마디 촌					
8	9	10	11	12	13	14
15	16	17	18	19	20	21

4
주

20
회
정답
130쪽

4 다음 단어와 뜻을 알맞게 선으로 이어 보세요.

① 寸數 ·
   셈 수
② 三寸 ·
   석 삼
③ 四寸 ·
   넉 사

· 이모, 고모, 삼촌의 자녀

· 부모님의 남자 형제

· 친척과 가깝고 먼 정도

5 다음 문장 중 빈칸에 들어갈 알맞은 단어를 골라 보세요. ·········· [   ]

> "가까운 이웃이 먼 친척보다 낫다."는 속담이 있습니다.
> 어려운 일이 생겼을 때 멀리 있어 도와줄 수 없는 친척보다
> 가까이에서 사이좋게 지내는 이웃이 더 도움이 된다는 뜻입니다.
> 그만큼 가깝게 지내는 이웃을 (   )(이)라고 합니다.

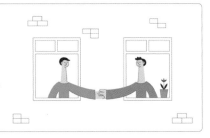

① 삼촌(三寸)
    석 삼
② 촌수(寸數)
    셈 수
③ 이웃사촌(이웃 四寸)
    넉 사

끝난 시간 ☐ 시 ☐ 분 **1회 분 푸는 데 걸린 시간** ☐ 분   **5문제 중** ☐ 개   3번은 정확히 다 써야 정답입니다.   스스로 붙임딱지

● 그림을 보고 밑줄 친 글자의 한자를 찾아 번호를 써 보세요.

보기   ① 土   ② 日   ③ 年 (해 년)   ④ 山   ⑤ 寸

제목: 등산	날씨: 🌞 맑음

새해를 맞아 삼촌과 등산을 다녀왔다.
   [3]   [ ]

산에 올라갈 때는 신발에 자꾸 흙이 들어와서 속상했는데
                           [ ]

막상 산꼭대기에 도착해서 해가 지는 모습을 보니
       [ ]   [ ]

너무 아름다워서 오길 잘했다는 생각이 들었다.

5주차

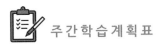 주간학습계획표

회차	학습내용	학습계획일
21회	大 큰 대	월 일
22회	中 가운데 중	월 일
23회	小 작을 소	월 일
24회	外 바깥 외	월 일
25회	女 여자 녀(여)	월 일

뜻(훈)　큰

소리(음)　대

영어 **big 크다**

크다

큰 대

大
큰 대

[큰 대는 **양팔을 벌리고 서있는 사람**을 보고 만들었습니다.]

대라고 읽으며 크다, 높다, 많다, 훌륭하다, 심하다 등의 뜻이 있습니다.

예문 대중교통을 이용하면 환경오염을 줄일 수 있어.

= 버스나 지하철을 이용하면 환경오염을 줄일 수 있어.

📖 **교과어휘**

① **대포**(大 砲) 쇳덩이를 멀리 쏘아 폭발시키는 기구 국어 2-2(나)
　　　큰 대　대포 포

② **대회**(大 會) 무언가를 겨루는 큰 행사 겨울 1-2
　　　큰 대　모일 회

③ **대중교통**(大 衆 交 通) 많은 사람들이 이용하는 버스나 지하철 같은 교통수단 국어 4-1(가)
　　　큰 대　무리 중　사귈 교　통할 통

④ **대가족**(大 家 族) 식구의 수가 많은 가족
　　　큰 대　집 가　겨레 족

⑤ **최대**(最 大) 무언가의 양이나 숫자 등이 가장 큼 사회 3-1
　　　가장 최　큰 대

⑥ **확대**(擴 大) 무언가를 더 크게 함 사회 3-1
　　　넓힐 확　큰 대

1 다음 한자의 뜻(훈)과 소리(음)를 써 보세요.

大　　뜻(훈): _____　　　소리(음): _____

2 다음 문장 중 밑줄 친 부분을 한자로 써 보세요.

나는 음악 소리를 최**대**로 올렸다.

대

3 다음 큰 대 한자를 순서대로 써 보세요.

부수 大(큰대, 3획) 획수 총 3획

1 大 큰 대	2 大 큰 대	3 大	4 大	5 大	6	7
8	9	10	11	12	13	14
15	16	17	18	19	20	21

5
주

21
회

정답
131쪽

4 다음 단어와 뜻을 알맞게 선으로 이어 보세요.

① 最大 · · 많은 사람들이 이용하는 교통수단
  가장 최

② 大衆交通 · · 가장 큼
  무리 중 사귈 교 통할 통

③ 大家族 · · 식구의 수가 많은 가족
  집 가 겨레 족

5 다음 그림 중 큰 대 한자와 관련이 있는 것을 고르세요. ·········· [   ]

①    ②    ③

 끝난 시간 [ ]시 [ ]분 **1회 분 푸는 데 걸린 시간** [ ]분 **5문제 중** [ ]개 3번은 정확히 다 써야 정답입니다. 스스로 붙임딱지

📅 공부한 날 [   ]월 [   ]일

⏱ 시작 시간 [   ]시 [   ]분

中

뜻(훈) 가운데

소리(음) 중

영어 middle 가운데

가운데

가운데 중

가운데 중

[**가운데 중**은 **깃발을 꽂아놓은 모습**을 보고 만들었습니다.]

중이라고 읽으며 가운데, 안, 속, 중간, 사이 등의 뜻이 있습니다.

예문 공부를 할 땐 집중해야 해.
= 공부를 할 땐 정신을 한 곳으로 모아야 해.

📖 교과어휘

① **중국**(中 國) 아시아에 속해있고 수도가 베이징인 나라 ^{가을 1-2}
　　가운데 중 나라 국

② **집중**(集 中) 한 곳에 모음. 또는 한 가지 일에 힘이나 생각을 모음 ^{국어활동 1-2}
　　모을 집 가운데 중

③ **중심**(中 心) 무언가의 한가운데 ^{가을 2-2}
　　가운데 중 마음 심

④ **공중**(空 中) 하늘과 땅 사이의 빈 공간 ^{국어 2-1(나)}
　　빌 공 가운데 중

⑤ **도중**(途 中) 길을 가는 중간. 일을 하는 중간 ^{사회 3-1}
　　길 도 가운데 중

1　다음 한자의 뜻(훈)과 소리(음)를 써 보세요.

中　　뜻(훈): _____　　소리(음): _____

2　다음 문장 중 밑줄 친 글자의 한자를 찾아 번호를 써 보세요.

보기　　①大　②月　③寸　④山　⑤中

달이 하늘 한 **가운데**에 떠있다.

[   ]　[   ]

3 다음 **가운데 중** 한자를 순서대로 써 보세요.

부수 | (뚫을곤, 1획) 획수 총 4획

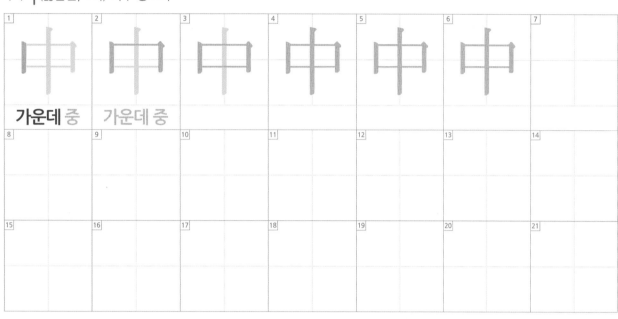

가운데 중 가운데 중

4 다음 단어와 뜻을 알맞게 선으로 이어 보세요.

① 集中 ·
모을 집

② 中心 ·
마음 심

③ 空中 ·
빌 공

· 한가운데

· 한 곳에 모음

· 하늘과 땅 사이의 빈 공간

5 다음 문장 중 빈칸에 들어갈 알맞은 단어를 골라 보세요. ································ [   ]

> 옛날에 호랑이와 곰이 인간이 되기 위해 동굴에서 100일 동안 쑥과 마늘만 먹으며 버티고 있었습니다. 호랑이는 (   )에 포기하고 동굴을 나가버렸지만, 곰은 끝까지 참아 인간이 되었습니다.

① 도중(途中)
길 도

② 중국(中國)
나라 국

③ 공중(空中)
빌 공

끝난 시간 ☐ 시 ☐ 분 **1회 분 푸는 데 걸린 시간** ☐ 분 ⭐ **5문제 중** ☐ 개 3번은 정확히 다 써야 정답입니다. 스스로 붙임딱지

小

작다

작을 소

작을 소

뜻(훈) 작을
소리(음) 소
영어 small 작다

[**작을 소**는 **무언가를 작게 나눈 모습**을 나타낸 글자입니다.]

소라고 읽으며 작다, 좁다, 어리다 등의 뜻이 있습니다.

예문 매일 **최소** 1시간씩은 재밌게 놀 거야!
= 매일 적어도 1시간씩은 재밌게 놀 거야!

📖 교과어휘

① **소설**(小 說) 상상해서 쓴 이야기 국어활동 3-2
　　작을 소 말씀 설
② **소아**(小 兒) 어린 아이
　　작을 소 아이 아
③ **소품**(小 品) 장식용으로 쓰이거나 공연 등에 쓰이는 작은 물건 국어 2-2(나)
　　작을 소 물건 품
④ **소고**(小 鼓) 크기가 작은 북 국어 1-1(가)
　　작을 소 북 고
⑤ **최소**(最 小) 무언가의 양이나 숫자 등이 가장 작음 국어 4-1(가)
　　가장 최 작을 소
⑥ **축소**(縮 小) 무언가를 더 작게 함 사회 3-1
　　줄일 축 작을 소

---

1 다음 한자의 뜻(훈)과 소리(음)를 써 보세요.

小 뜻(훈): _____ 소리(음): _____

2 다음 문장 중 밑줄 친 글자의 한자를 찾아 번호를 써 보세요.

보기 | ① 七　② 九　③ 小　④ 大　⑤ 五

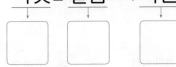
다섯은 **일곱**보다 **작은** 수이다.

↓　　↓　　↓
[ ]　[ ]　[ ]

3 다음 **작을 소** 한자를 순서대로 써 보세요.

부수 小(작을소, 3획) 획수 총 3획

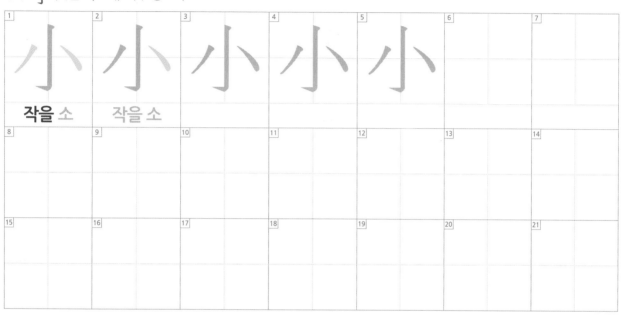

1	2	3	4	5	6	7
小 작을 소	小 작을 소	小	小	小		
8	9	10	11	12	13	14
15	16	17	18	19	20	21

4 다음 단어와 뜻을 알맞게 선으로 이어 보세요.

① 最小 ·
가장 최

② 縮小 ·
줄일 축

③ 小品 ·
물건 품

· 공연하거나 장식할 때 쓰는 작은 물건

· 가장 작음

· 더 작게 함

5 다음 그림 중 **작을 소** 한자와 관련이 있는 것을 고르세요. ···························· [　　　]

①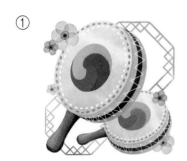

②

③

끝난 시간 　시　분 **1회 분 푸는 데 걸린 시간**　분　　5문제 중　개　3번은 정확히 다 써야 정답입니다.　스스로 붙임딱지

外

바깥

바깥 외

外 바깥 외

뜻(훈)   바깥
소리(음) 외
영어 outside 바깥

[**바깥 외**는 **저녁에 점을 치는 예외적인 모습**을 나타낸 글자입니다.]

외라고 읽으며 바깥, 겉, 표면, 남(다른 사람) 등의 뜻이 있습니다.

예문 외출했다가 돌아오면 손을 씻어야 해.
= 밖에 나갔다가 돌아오면 손을 씻어야 해.

📖 교과어휘

① **외투**(外 套) 몸을 보호하거나 추위를 막기 위해 입는 겉옷 국어 1-1(나)
　　바깥 외 씌울 투
② **외국인**(外 國 人) 다른 나라의 사람 국어 4-1(나)
　　바깥 외 나라 국 사람 인
③ **외출**(外 出) 밖으로 나감 국어활동 4-1
　　바깥 외 날 출
④ **해외**(海 外) 다른 나라 사회 3-1
　　바다 해 바깥 외
⑤ **제외**(除 外) 어떤 무리에서 뺌 국어 5-1(나)
　　덜 제 바깥 외

1   다음 한자의 뜻(훈)과 소리(음)를 써 보세요.

外   뜻(훈): _____   소리(음): _____

2   다음 문장 중 밑줄 친 부분을 한자로 써 보세요.

밖이 추우니까 **외**투를 입고 나가자.

외

3 다음 **바깥 외** 한자를 순서대로 써 보세요.

外 外 外 外 外

부수 夕(저녁석, 3획) 획수 총 5획

1 外	2 外	3 外	4 外	5 外	6 外	7 外
바깥 외	**바깥** 외					
8	9	10	11	12	13	14
15	16	17	18	19	20	21

4 다음 단어와 뜻을 알맞게 선으로 이어 보세요.

① 外套 ·
_{씌울 투}

② 除外 ·
_{덜 제}

③ 外國人 ·
_{나라 국 사람 인}

· 겉옷

· 다른 나라의 사람

· 어떤 무리에서 뺌

5 다음 문장 중 빈칸에 들어갈 알맞은 단어를 골라 보세요. ┈┈┈┈┈┈┈┈┈┈ [   ]

오늘 발표 시간에는 방학 동안 무엇을 할 것인지에 대해 이야기를 했다. 나는 방학 동안 책을 10권 읽을 것이라고 말했고, 동구는 부모님이랑 (   )로 여행을 갈 계획이라고 말했다.

① 제외(除外)
_{덜 제}

② 해외(海外)
_{바다 해}

③ 외출(外出)
_{날 출}

끝난 시간 ☐시 ☐분 1회 분 푸는 데 걸린 시간 ☐분 5문제 중 ☐개 3번은 정확히 다 써야 정답입니다. 스스로 붙임딱지

女

여자

여자 녀

여자 녀

뜻(훈)　여자

소리(음)　녀(여)

영어　woman 여자

[**여자 녀(여)**는 **앉아있는 여자의 모습**을 보고 만들었습니다.]

녀(여)라고 읽으며 여자, 딸 등의 뜻이 있습니다.

예문 술래잡기는 남녀가 같이 할 수 있는 놀이야.
　= 술래잡기는 남자와 여자가 같이 할 수 있는 놀이야.

📖 교과어휘

① **남녀**(男 女) 남자와 여자　국어 6-1(가)
　사내 남 여자 녀
② **여학생**(女 學 生) 여자인 학생　국어 2-2(가)
　여자 여 배울 학 날 생
③ **손녀**(孫 女) 자녀의 딸　사회 3-1
　손자 손 여자 녀
④ **여성**(女 性) 여자를 이르는 말　사회 4-1
　여자 여 성품 성
⑤ **자녀**(子 女) 아들과 딸을 아울러 이르는 말　국어 2-2(나)
　아들 자 여자 녀
⑥ **장녀**(長 女) 둘 이상의 딸 가운데 제일 나이가 많은 딸
　길 장 여자 녀

---

1 다음 한자의 뜻(훈)과 소리(음)를 써 보세요.

女　　뜻(훈): ＿＿＿＿＿＿＿＿＿＿　　소리(음): ＿＿＿＿＿＿＿＿＿＿

2 다음 문장 중 밑줄 친 부분을 한자로 써 보세요.

> 뻥튀기는 남**녀**노소 모두가 좋아하는 간식이다.

녀　　[　　]

3 다음 **여자** 녀 한자를 순서대로 써 보세요.

女 女 女

부수 女(여자녀, 3획) 획수 총 3획

1	2	3	4	5	6	7
女	女	女	女	女		
여자 녀	여자 녀					

8	9	10	11	12	13	14

15	16	17	18	19	20	21

5주

25회

정답 131쪽

4 다음 단어와 뜻을 알맞게 선으로 이어 보세요.

① 孫女   ・   ・ 여자
   손자 손

② 女學生 ・   ・ 여자인 학생
   배울학 날생

③ 女性   ・   ・ 자녀의 딸
   성품 성

5 다음 문장 중 빈칸에 들어갈 알맞은 단어를 골라 보세요. ‥‥‥‥‥‥‥‥‥ [   ]

> 흥부네 (   )의 수는 셀 수 없을 정도로 많았는데 너무
> 가난해서 아이들에게 옷을 모두 지어줄 형편이 안 되었습니다.
> 그래서 커다란 천에 구멍을 여러 개 뚫어, 옷처럼 입고 다녔습니다.

① 장녀(長女)   ② 자녀(子女)   ③ 남녀(男女)
   길장   아들 자   사내 남

끝난 시간 ☐ 시 ☐ 분 **1회 분 푸는 데 걸린 시간** ☐ 분   **5문제 중** ☐ 개 3번은 정확히 다 써야 정답입니다.   스스로 붙임딱지

● 다음 한자의 뜻에 알맞은 그림을 골라보세요.

1 大 ①  ✓②

2 中 ① ② ③

3 小 ① ②

4 外 ①  ②

5 女 ①  ②

6주차

📋 주간학습계획표

회차	학습내용		학습계획일	
26회	人 사람 인	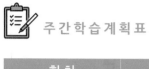	☐ 월	☐ 일
27회	父 아버지 부		☐ 월	☐ 일
28회	母 어머니 모		☐ 월	☐ 일
29회	兄 형 형		☐ 월	☐ 일
30회	弟 아우 제		☐ 월	☐ 일

 공부한 날 [ ] 월 [ ] 일

 시작 시간 [ ] 시 [ ] 분

人

뜻(훈)   사람

소리(음)   인

영어 person 사람

 사람 인

 사람 인

[**사람** 인은 **사람의 모습**을 보고 만들었습니다.]

인이라고 읽으며 사람, 인간, 그 사람 등의 뜻이 있습니다.

예문 원숭이는 인간과 닮은 점이 많아.
= 원숭이는 사람과 닮은 점이 많아.

📖 교과어휘

① **주인공**(主 人 公) 어떤 일이나 이야기에서 가장 중심이 되는 사람 국어 1-2(가)
　　　 주인 주 사람 인 공평할 공
② **인사**(人 事) 만나거나 헤어질 때 하는 말이나 행동 국어 1-1(가)
　　 사람 인 일 사
③ **인간**(人 間) 사람 국어 3-2(가)
　　 사람 인 사이 간
④ **인생**(人 生) 사람이 세상을 살아가는 일
　　 사람 인 날 생
⑤ **인구**(人 口) 어떤 나라나 지역에 사는 사람의 수 국어 4-1(가)
　　 사람 인 입 구
⑥ **일반인**(一 般 人) 평범한 사람 국어 4-1(나)
　　　 한 일 일반 반 사람 인

1　다음 한자의 뜻(훈)과 소리(음)를 써 보세요.

人　　뜻(훈): _____　　소리(음): _____

2　다음 문장 중 밑줄 친 부분을 한자로 써 보세요.

> 나는 등굣길에 친구들에게 반갑게 사를 한다.

인 [　　]

3 다음 **사람 인** 한자를 순서대로 써 보세요.

부수 人 (사람인, 2획) 획수 총 2획

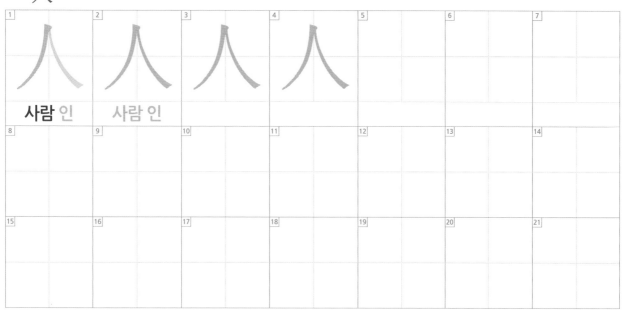

1 人	2 人	3 人	4 人	5	6	7
사람 인	사람 인					
8	9	10	11	12	13	14
15	16	17	18	19	20	21

4 다음 단어와 뜻을 알맞게 선으로 이어 보세요.

① 主人公 ·
주인 주 공평할 공

② 人口 ·
입 구

③ 一般人 ·
한 일 일반 반

· 어떤 곳에 사는 사람의 수

· 평범한 사람

· 이야기에서 중심이 되는 사람

5 다음 문장 중 빈칸에 공통으로 들어갈 알맞은 단어를 골라 보세요. ························· [   ]

> 가은이가 교실로 들어오며 짝꿍 하린이에게 "안녕!"하고 (   )하자 하린이도 "안녕, 가은아"하고 웃으며 (   )합니다.

① 인간(人間)
사이 간

② 인생(人生)
날 생

③ 인사(人事)
일 사

끝난 시간 ☐ 시 ☐ 분 **1회 분 푸는 데 걸린 시간** ☐ 분 **5문제 중** ☐ 개 3번은 정확히 다 써야 정답입니다. 스스로 붙임딱지

父

아버지

아버지 부

아버지 부

뜻(훈) 아버지
소리(음) 부
영어 father 아버지

[아버지 부는 **손에 돌도끼를 들고 있는 모습**을 보고 만들었습니다.]

부라고 읽으며 아버지, 어른 등의 뜻이 있습니다.

예문 심청이 부친의 성함은 심학규야.
= 심청이 아버지의 성함은 심학규야.

* 심봉사로 널리 알려진 심청이 아버지의 본명은 심학규입니다.

📖 교과어휘

① **부모**(父 母) 아버지와 어머니 국어 2-1(가)
　　　아버지 부 어머니 모
② **부자**(父 子) 아버지와 아들
　　　아버지 부 아들 자
③ **부녀**(父 女) 아버지와 딸
　　　아버지 부 여자 녀
④ **부성애**(父 性 愛) 자식에 대한 아버지의 사랑
　　　아버지 부 성품 성 사랑 애
⑤ **부친**(父 親) 아버지를 정중하게 부르는 말
　　　아버지 부 친할 친

1 다음 한자의 뜻(훈)과 소리(음)를 써 보세요.

父 　 뜻(훈): ＿＿＿＿＿＿＿＿＿＿ 소리(음): ＿＿＿＿＿＿＿＿＿＿

2 다음 문장 중 밑줄 친 글자의 한자를 찾아 번호를 써 보세요.

보기　 ① 人　 ② 四　 ③ 八　 ④ 父　 ⑤ 土

아버지께서 사탕 **네** 개를 주셨다.

[ ] 　 [ ]

3 다음 **아버지 부** 한자를 순서대로 써 보세요.

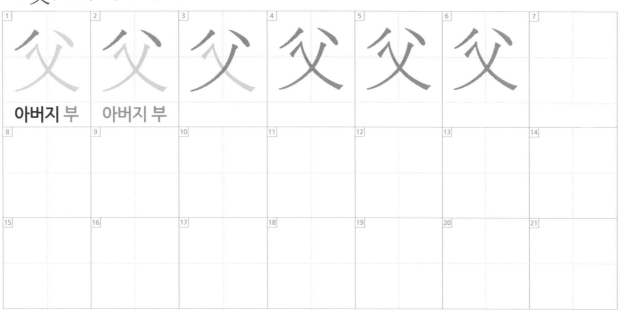

부수 父 (아비부, 4획) 획수 총 4획

1 父 **아버지** 부	2 父 아버지 부	3 父	4 父	5 父	6 父	7
8	9	10	11	12	13	14
15	16	17	18	19	20	21

4 다음 단어와 뜻을 알맞게 선으로 이어 보세요.

① 父親   ·
   친할 친

② 父性愛 ·
   성품 성 사랑 애

③ 父母   ·
   어머니 모

· 아버지와 어머니

· 자식에 대한 아버지의 사랑

· 아버지를 정중하게 부르는 말

5 다음 문장 중 빈칸에 들어갈 알맞은 단어를 골라 보세요. ┈┈┈┈┈┈┈┈ [   ]

（   ）(이)라는 단어는 두 가지 뜻이 있습니다. 하나는 돈이 많은 사람(富者)이라는
뜻이고 또 하나는 아버지와 아들이라는 뜻입니다. 이처럼 단어의 발음은 똑같지만 사용하는
한자가 무엇이냐에 따라 뜻이 달라집니다.   * 富者(부유할 부, 놈 자)

① 부녀(父女)   ② 부친(父親)   ③ 부자(父子)
   여자 녀   친할 친   아들 자

⏰ **끝난 시간** [   ]시 [   ]분 **1회 분 푸는 데 걸린 시간** [   ]분 ⭐ **5문제 중** [   ]개 3번은 정확히
다 써야 정답입니다. 스스로
붙임딱지

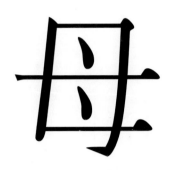

어머니

어머니 모

어머니 모

뜻(훈)   어머니
소리(음) 모
영어 mother 어머니

[**어머니 모는 아기에게 젖을 먹이고 있는 어머니의 모습**을 보고 만들었습니다.]

모라고 읽으며 어머니, 근본 등의 뜻이 있습니다.

예문 우리는 사이좋은 모녀이다.
= 우리는 사이좋은 엄마와 딸이다.

📖 **교과어휘**

① **유모차**(乳 母 車) 어린아이를 태우는 바퀴 달린 기구 국어 6-1(가)
   젖 유 어머니 모 수레 차
② **모녀**(母 女) 어머니와 딸
   어머니 모 여자 녀
③ **모자**(母 子) 어머니와 아들
   어머니 모 아들 자
④ **모음**(母 音) ㅏ, ㅑ, ㅓ, ㅕ 등과 같이 발음 기관의 닫힘이나 마찰 없이 발음되는 소리 국어 1-1(가)
   어머니 모 소리 음
⑤ **모성애**(母 性 愛) 자식에 대한 어머니의 사랑
   어머니 모 성품 성 사랑 애
⑥ **모친**(母 親) 어머니를 정중하게 부르는 말
   어머니 모 친할 친

1 다음 한자의 뜻(훈)과 소리(음)를 써 보세요.

母   뜻(훈): _____   소리(음): _____

2 다음 문장 중 밑줄 친 부분을 한자로 써 보세요.

어머니는 아기를 조심히 들어 유**모**차에 앉혔다.

모

3 다음 **어머니 모** 한자를 순서대로 써 보세요.

母 母 母 母 母

부수 毋(말무, 4획) 획수 총 5획

1 母 **어머니** 모	2 母 어머니 모	3 母	4 母	5 母	6 母	7 母
8	9	10	11	12	13	14
15	16	17	18	19	20	21

6
주

28
회
정답
132쪽

4 다음 단어와 뜻을 알맞게 선으로 이어 보세요.

① 母性愛 ·
성품 성 사랑 애

② 母女 ·
여자 녀

③ 母音 ·
소리 음

· ㅏ, ㅑ, ㅓ, ㅕ

· 어머니와 딸

· 자식에 대한 어머니의 사랑

5 다음 문장 중 빈칸에 들어갈 알맞은 단어를 골라 보세요. ·························· [   ]

(   )(이)라는 단어는 두 가지 뜻이 있습니다. 하나는 머리에 쓰는 물건(帽子)이라는 뜻이고 또 하나는 어머니와 아들이라는 뜻입니다. 이처럼 단어의 발음은 똑같지만 사용하는 한자가 무엇이냐에 따라 뜻이 달라집니다.

* 帽子(모자 모, 아들 자)

① 모친(母親)
친할 친

② 모자(母子)
아들 자

③ 유모차(乳母車)
젖 유   수레 차

⏰ **끝난 시간** [ ]시 [ ]분 **1회 분 푸는 데 걸린 시간** [ ]분   📑 **5문제 중** [ ]개   3번은 정확히
다 써야 정답입니다.   스스로
붙임딱지 🐾

兄

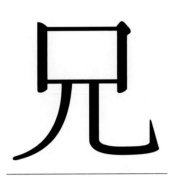

뜻(훈) 형
소리(음) 형

영어 older brother 형

[형 형은 **입을 벌리고 있는 사람의 모습**을 보고 만들었습니다.]

형이라고 읽으며 형, 맏이, 나이 많은 사람 등의 뜻이 있습니다.

예문 흥부네 형제는 사이가 나쁘다.
= 흥부네 형과 동생은 사이가 나쁘다.

📖 교과어휘

① **형제**(兄 弟) 형과 동생을 합쳐서 부르는 말 국어 1-2(나)
   형 형 아우 제

② **형제간**(兄 弟 間) 형과 동생의 사이
   형 형 아우 제 사이 간

③ **형부**(兄 夫) 언니의 남편을 부르는 말
   형 형 지아비 부

④ **매형**(妹 兄) 누나의 남편을 부르는 말
   누이 매 형 형

---

1 다음 한자의 뜻(훈)과 소리(음)를 써 보세요.

兄   뜻(훈): _____   소리(음): _____

2 다음 문장 중 밑줄 친 부분을 한자로 써 보세요.

> 아기돼지 삼**형**제는 힘을 합쳐 늑대를 물리쳤다.

형 [   ]

3 다음 **형** 형 한자를 순서대로 써 보세요.

 兄 兄 兄 兄 兄

부수 儿 (어진사람인발, 2획) 획수 총 5획

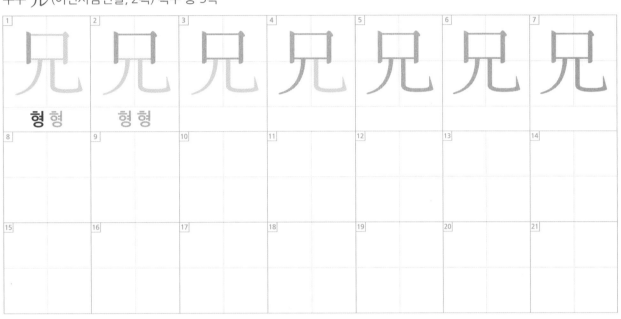

1 兄	2 兄	3 兄	4 兄	5 兄	6 兄	7 兄
형 형	형 형					
8	9	10	11	12	13	14
15	16	17	18	19	20	21

4 다음 단어와 뜻을 알맞게 선으로 이어 보세요.

① 兄夫 ·
지아비 부

② 妹兄 ·
누이 매

③ 兄弟 ·
아우 제

· 형과 동생

· 언니의 남편

· 누나의 남편

5 다음 그림 중 **형** 형 한자와 관련이 있는 것을 고르세요. ······ [   ]

①    ②    ③

6
주

29
회

정답
132쪽

끝난 시간 ☐ 시 ☐ 분 **1회 분 푸는 데 걸린 시간** ☐ 분 **5문제 중** ☐ 개 3번은 정확히 다 써야 정답입니다. 스스로 붙임딱지

弟

뜻(훈)　아우

소리(음)　제

영어 younger brother 아우

아우

아우 제

아우 제

[**아우 제**는 **활을 들고 노는 아우의 모습**을 보고 만들었습니다.]

제라고 읽으며 아우, 동생, 나이가 어린 사람 등의 뜻이 있습니다.

예문 나는 선생님의 제자이다.

= 나는 선생님께 가르침을 받는 사람이다.

📖 교과어휘

① **제자**(弟 子) 선생님께 가르침을 받는 사람　국어 3·2(가)
　　아우 제 아들 자

② **의형제**(義 兄 弟) 의리로 맺은 형제 사이
　　옳을 의 형 형 아우 제

③ **제수**(弟 嫂) 남자가 동생의 아내를 부르는 말
　　아우 제 형수 수

④ **제부**(弟 夫) 여자가 동생의 남편을 부르는 말
　　아우 제 지아비 부

---

1 다음 한자의 뜻(훈)과 소리(음)를 써 보세요.

弟　　뜻(훈): _____　　소리(음): _____

---

2 다음 문장 중 밑줄 친 글자의 한자를 찾아 번호를 써 보세요.

보기　　①水　②弟　③父　④女　⑤母

수영이네 가족은 **어머니**, **아버지**, 수영이 그리고 **동생**이다.

[　]　[　]　　　　[　]

3 다음 **아우** 제 한자를 순서대로 써 보세요.

弟 弟 弟 弟 弟 弟 弟

부수 弓 (활궁, 3획) 획수 총 7획

1 弟	2 弟	3 弟	4 弟	5 弟	6 弟	7 弟
아우 제	아우 제					
8 弟	9 弟	10	11	12	13	14
15	16	17	18	19	20	21

4 다음 단어와 뜻을 알맞게 선으로 이어 보세요.

① 弟夫 ·
지아비 부

② 弟子 ·
아들 자

③ 弟嫂 ·
형수 수

· 여자가 동생의 남편을 부르는 말

· 남자가 동생의 아내를 부르는 말

· 선생님께 가르침을 받는 사람

5 다음 문장 중 빈칸에 들어갈 알맞은 단어를 골라 보세요. ·· [   ]

> 삼국지의 유비와 장비, 관우는 친형제가 아닙니다.
>
> 하지만 우정이 너무 깊어서, 평생 사이좋게 지내자고 약속하며
>
> 복숭아나무 아래에서 (   )를 맺었다고 합니다.

① 제부(弟夫)
지아비 부

② 의형제(義兄弟)
옳을 의   형 형

③ 제자(弟子)
아들 자

● 그림을 보고 빈칸에 알맞은 한자를 찾아 번호를 써 보세요.

보기 　① 弟　② 父　③ 母(어머니 모)　④ 兄

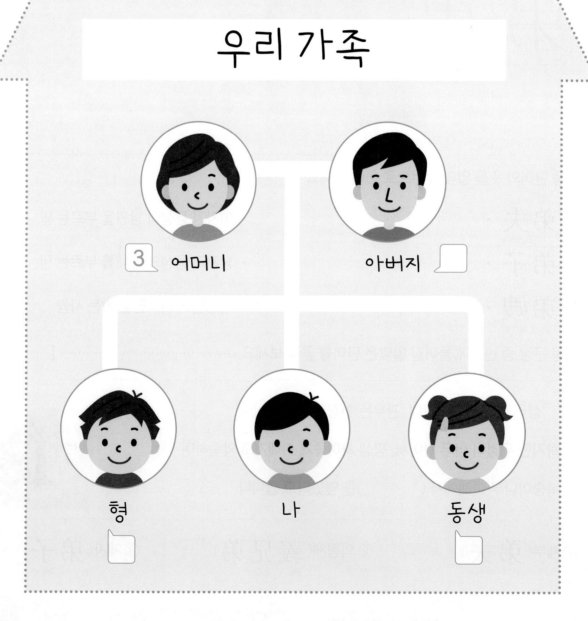

우리 가족

3 어머니　　　아버지 ☐

형 ☐　　　나　　　동생 ☐

7주차

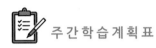 주간학습계획표

회차	학습내용		학습계획일	
31회	東 동녘 동		월	일
32회	西 서녘 서		월	일
33회	南 남녘 남		월	일
34회	北 북녘 북		월	일
35회	長 길 장		월	일

東

동쪽

동녘 동

동녘 동

뜻(훈) 동녘

소리(음) 동

영어 **east 동쪽**

[**동녘 동**은 **해가 떠오르는 모습**을 보고 만들었습니다.]

동이라고 읽으며 동녘, 동쪽 등의 뜻이 있습니다.

예문 우리 가족은 동해로 여행가기로 했다.

= 우리 가족은 우리나라 동쪽 바다로 여행가기로 했다.

📖 교과어휘

① **동대문**(東 大 門) 조선시대에 임금님이 살고 있는 한양을 지키려고 만든 성벽의 동쪽 문. 흥인지문
　　　동녘 동 큰 대 문 문

② **동해**(東 海) 우리나라 동쪽의 바다 겨울 1-2
　　동녘 동 바다 해

③ **동양**(東 洋) 한국, 중국, 일본, 인도, 태국 등의 아시아 나라들을 합쳐서 부르는 말 국어 4-2(가)
　　동녘 동 큰 바다 양

④ **동의보감**(東 醫 寶 鑑) 조선시대 때 허준이 쓴 의학 책 사회 4-1
　　　동녘 동 의원 의 보배 보 거울 감

1　다음 한자의 뜻(훈)과 소리(음)를 써 보세요.

東　　뜻(훈): _____　　소리(음): _____

2　다음 문장 중 밑줄 친 부분을 한자로 써 보세요.

조선시대 때 한양의 동쪽에는 **동**대문이 세워졌다.

동 [　　]

3 다음 **동녘 동** 한자를 순서대로 써 보세요.

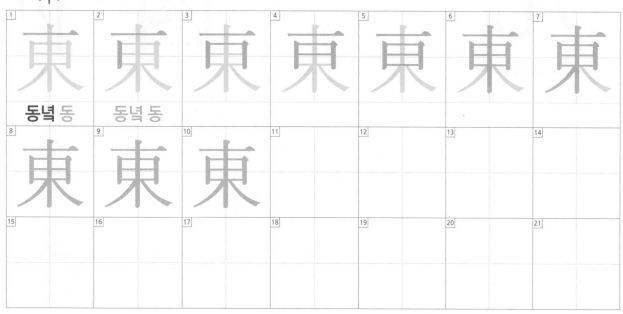

부수 木(나무목, 4획) 획수 총 8획

1 東	2 東	3 東	4 東	5 東	6 東	7 東
동녘 동	동녘 동					
8 東	9 東	10 東	11	12	13	14
15	16	17	18	19	20	21

4 다음 단어와 뜻을 알맞게 선으로 이어 보세요.

① 東醫寶鑑 ·
　의원 의　보배 보　거울 감

② 東洋 ·
　　큰 바다 양

③ 東大門 ·
　큰 대　문 문

· 한양의 동쪽에 세운 문

· 허준이 쓴 의학 책

· 아시아 나라들을 합쳐 부르는 말

5 다음 문장 중 빈칸에 들어갈 알맞은 단어를 골라 보세요. ·········· [　　　]

　　우리나라는 바다가 3면을 둘러싸고 있는 모양입니다.

왼쪽에 있는 바다는 서해, 오른쪽에 있는 바다는 (　　　),

아래쪽에 있는 바다는 남해라고 부릅니다.

① 동대문(東大門)
　　　　　 큰 대　문 문

② 동양(東洋)
　　　　큰 바다 양

③ 동해(東海)
　　　　바다 해

끝난 시간 　시 　분　**1회 분 푸는 데 걸린 시간** 　분　**5문제 중** 　개　3번은 정확히 다 써야 정답입니다.　스스로 붙임딱지

7주차 31회 | 東 동녘 동 　81

📅 공부한 날 [ ] 월 [ ] 일
⏱ 시작 시간 [ ] 시 [ ] 분

西

뜻(훈)   서녘
소리(음)   서
영어 west 서쪽

서쪽

西 서녘 서

西 서녘 서

[서녘 서는 **해가 질 때 새가 둥지로 돌아가는 모습**을 보고 만들었습니다.]

서라고 읽으며 서녘, 서쪽 등의 뜻이 있습니다.

예문 서해에서는 갯벌 체험을 할 수 있어.
= 우리나라 서쪽 바다에서는 갯벌 체험을 할 수 있어.

📖 교과어휘

① **서**대문(西 大 門) 조선시대에 임금님이 살고 있는 한양을 지키려고 만든 성벽의 서쪽 문. 돈의문
서녘 서 큰 대 문 문

② **서**해(西 海) 우리나라 서쪽의 바다
서녘 서 바다 해

③ **서**양(西 洋) 유럽과 미국, 캐나다 등의 여러 나라들을 합쳐서 부르는 말 국어 3·2(가)
서녘 서 큰 바다 양

④ **동문서답**(東 問 西 答) 누군가 물어본 질문과 전혀 상관없는 엉뚱한 대답
동녘 동 동물을 문 서녘 서 대답 답

---

1 다음 한자의 뜻(훈)과 소리(음)를 써 보세요.

西   뜻(훈): _____   소리(음): _____

---

2 다음 문장 중 밑줄 친 부분을 한자로 써 보세요.

> 피자와 파스타는 <u>서</u>양 음식이다.

서 [ ]

---

3 다음 **서녘 서** 한자를 순서대로 써 보세요.

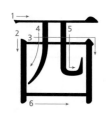

西 西 西 西 西 西

부수 襾(덮을아, 6획) 획수 총 6획

1	2	3	4	5	6	7
西	西	西	西	西	西	西
서녘 서	서녘 서					
8	9	10	11	12	13	14
西						
15	16	17	18	19	20	21

4 다음 단어와 뜻을 알맞게 선으로 이어 보세요.

① 西大門 ·
　　큰대　문문

② 西海 ·
　　바다해

③ 西洋 ·
　　큰 바다 양

· 유럽과 미국 등의 나라들을 부르는 말

· 우리나라 서쪽 바다

· 한양의 서쪽에 세운 문

5 다음 문장 중 밑줄 친 부분이 뜻하는 단어를 골라 보세요. ················ [　　　]

> 옛날 어느 마을에 사는 개구쟁이는 사람들을 놀리려고 일부러 사람들이 **묻는 말에 완전히 엉뚱한 대답**을 내놓았습니다. 그러자 점차 마을 사람들은 개구쟁이에게 말을 걸지 않았고 결국 개구쟁이는 자신의 행동을 뉘우쳤습니다.

① 서양(西洋)
　　　　큰 바다 양

② 서대문(西大門)
　　　　　큰대　문문

③ 동문서답(東問西答)
　　　　　동녘동 물을문 서녘서 대답답

7
주

32
회

정답
133쪽

⏰ **끝난 시간** [　]시 [　]분 **1회 분 푸는 데 걸린 시간** [　]분 📄⭐ **5문제 중** [　]개 3번은 정확히 다 써야 정답입니다. 스스로 붙임딱지

南

남쪽

남녘 남

남녘 남

뜻(훈)　남녘

소리(음)　남

영어 south 남쪽

[남녘 남은 **울타리를 치고 양을 기르는 남쪽 지방의 모습**을 보고 만들었습니다.]

남이라고 읽으며 남녘, 남쪽 등의 뜻이 있습니다.

예문 호주는 남반구에 위치하고 있어.
= 호주는 지구의 남쪽 부분에 위치하고 있어.

📖 교과어휘

① **남**대문(南 大 門) 조선시대에 임금님이 살고 있는 한양을 지키려고 만든 성벽의 남쪽 문. 숭례문
　　　남녘 남 큰 대 문 문
② **남**해(南 海) 우리나라 남쪽의 바다
　　　남녘 남 남 바다 해
③ **남**한(南 韓) 남북으로 나눠진 한반도의 휴전선 남쪽 지역. 우리나라　겨울 1-2
　　　남녘 남 한국 한
④ **남**반구(南 半 球) 적도를 기준으로 지구를 둘로 나누었을 때의 남쪽 부분
　　　남녘 남 반 반 공 구
⑤ **전라남도**(全 羅 南 道) 우리나라 서남쪽에 있는 도　사회 4-1
　　　온전 전 벌일 라 남녘 남 길 도

---

1 다음 한자의 뜻(훈)과 소리(음)를 써 보세요.

南　뜻(훈): _____　소리(음): _____

2 다음 문장 중 밑줄 친 부분을 한자로 써 보세요.

> **남**대문의 이름인 숭례문은 "예의를 높이 받든다."라는 뜻이다.

남

3 다음 **남녘 남** 한자를 순서대로 써 보세요.

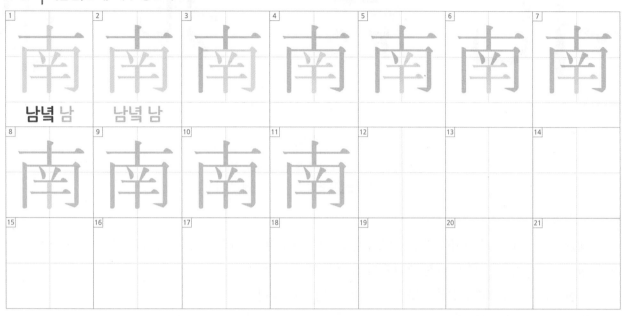

부수 十(열십, 2획) 획수 총 9획

1 南	2 南	3 南	4 南	5 南	6 南	7 南
남녘 남	남녘 남					
8 南	9 南	10 南	11 南	12	13	14
15	16	17	18	19	20	21

4 다음 단어와 뜻을 알맞게 선으로 이어 보세요.

① 南海 ·
　바다 해

② 南韓 ·
　한국 한

③ 全羅南道 ·
　온전 전 벌일 라 길 도

· 우리나라 서남쪽에 있는 도

· 우리나라 남쪽 바다

· 우리나라

5 다음 문장 중 빈칸에 들어갈 알맞은 단어를 골라 보세요. ································· [   ]

> 지구를 가로로 반 나누었을 때 위쪽 부분을 북반구라고 하고 아래쪽 부분을 (   )(이)
> 라고 합니다. (   )은/는 북반구보다 인구수는 적지만 석유나 천연 자원이 더 풍부합니다.

① 남대문(南大門)　　② 남반구(南半球)　　③ 전라남도(全羅南道)
　　　　큰대 문문　　　　　　　　반반 공구　　　　　　　　온전 전 벌일 라 길 도

끝난 시간 [ ]시 [ ]분　**1회 분 푸는 데 걸린 시간** [ ]분　📋 **5문제 중** [ ]개　3번은 정확히 다 써야 정답입니다.

北

북쪽

북녘 북

북녘 북

뜻(훈)　　북녘

소리(음)　북

영어 **north 북쪽**

[**북녘 북**은 **서로 등을 지고 있는 사람 두 명**을 보고 만들었습니다.]

북이라고 읽으며 북녘, 북쪽 등의 뜻이 있습니다.

예문 우리나라는 북반구에 위치하고 있어.
= 우리나라는 지구의 북쪽 부분에 위치하고 있어.

📖 **교과어휘**

① **북대문**(北 大 門) 조선시대에 임금님이 살고 있는 한양을 지키려고 만든 성벽의 북쪽 문. 숙정문
　　　북녘 북 큰 대 문 문
② **북한**(北 韓) 남북으로 나눠진 한반도의 휴전선 북쪽 지역　겨울 1-2
　　　북녘 북 한국 한
③ **남북한**(南 北 韓) 휴전선을 기준으로 나눠진 남한과 북한
　　　남녘 남 북녘 북 한국 한
④ **북반구**(北 半 球) 적도를 기준으로 지구를 둘로 나누었을 때의 북쪽 부분
　　　북녘 북 반 반 공 구
⑤ **북극곰**(北 極 곰) 북극에 사는 흰 털의 곰　국어 3-2(가)
　　　북녘 북 다할 극

---

1 다음 한자의 뜻(훈)과 소리(음)를 써 보세요.

北　　뜻(훈): ＿＿＿＿＿＿＿　　소리(음): ＿＿＿＿＿＿＿

2 다음 빈칸에 알맞은 한자를 보기에서 찾아 써 보세요.

보기　西 東 北 南

① [　]

② [　]　서 🧭 동　③ [　]

북

남

④ [　]

3 다음 **북녘 북** 한자를 순서대로 써 보세요.

부수 匕 (비수비, 2획) 획수 총 5획

1 北	2 北	3 北	4 北	5 北	6 北	7 北
북녘 북	**북녘 북**					
8	9	10	11	12	13	14
15	16	17	18	19	20	21

4 다음 단어와 뜻을 알맞게 선으로 이어 보세요.

① 北大門 ·
　　큰대　문문

② 南北韓 ·
　남녘남　　한국한

③ 北半球 ·
　　반반　공구

· 한양의 북쪽에 세운 문

· 지구를 둘로 나누었을 때의 북쪽 부분

· 남한과 북한

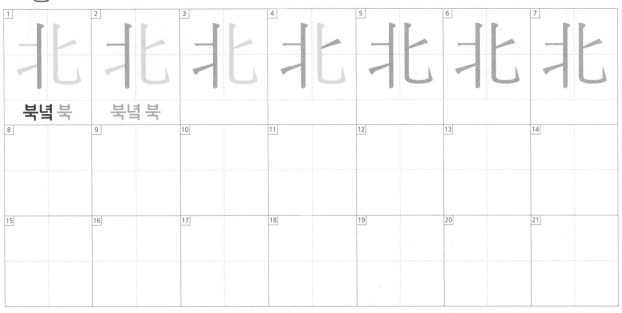

5 다음 그림 중 **북녘 북** 한자와 관련이 있는 것을 고르세요. ·············· [　　　]

① 　② 　③

끝난 시간 [　] 시 [　] 분　**1회 분 푸는 데 걸린 시간** [　] 분　**5문제 중** [　] 개　3번은 정확히 다 써야 정답입니다.　스스로 붙임딱지

長

길다

長 길 장

長 길 장

뜻(훈) 길
소리(음) 장
영어 **long 길다**

[길 장은 **휘날리는 긴 머리의 나이 많으신 어른**을 보고 만들었습니다.]

장이라고 읽으며 길다, 어른, 낫다 등의 뜻이 있습니다.

예문 윤미는 장시간 동안 책상에 앉아 공부를 했다.
= 윤미는 오랜 시간 동안 책상에 앉아 공부를 했다.

📖 교과어휘

① **장화**(長 靴) 종아리까지 올라오는 긴 신발 국어활동 1-2
　　　길 장 신 화
② **장점**(長 點) 잘하는 점이나 좋은 점 국어 2-2(나)
　　　길 장 점 점
③ **성장**(成 長) 커지고 자라남. 또는 어떤 것이 이전보다 더 나아짐 국어 3-1(가)
　　　이룰 성 길 장
④ **장수**(長 壽) 아주 오래 삶
　　　길 장 목숨 수
⑤ **장시간**(長 時 間) 오랜 시간
　　　길 장 때 시 사이 간

1 다음 한자의 뜻(훈)과 소리(음)를 써 보세요.

長　뜻(훈): ＿＿＿＿＿＿＿　소리(음): ＿＿＿＿＿＿＿

2 다음 문장 중 밑줄 친 글자의 한자를 찾아 번호를 써 보세요.

보기　①中　②西　③長　④兄　⑤年

올해에는 생일선물로 **긴** 목도리를 받았다.
↓　　　↓
[   ]　[   ]

3 다음 **길 장** 한자를 순서대로 써 보세요.

長 長 長 長 長 長 長 長

부수 長(길장, 8획) 획수 총 8획

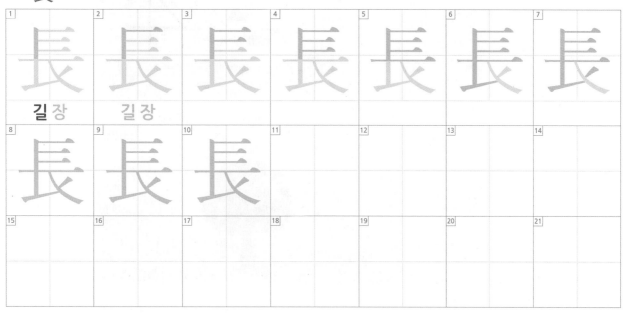

1 長	2 長	3 長	4 長	5 長	6 長	7 長
길장	길장					
8 長	9 長	10 長	11	12	13	14
15	16	17	18	19	20	21

4 다음 단어와 뜻을 알맞게 선으로 이어 보세요.

① 成長 ·
이룰 성

② 長靴 ·
신 화

③ 長時間 ·
때 시 사이 간

· 긴 신발

· 커지고 자라남

· 오랜 시간

5 다음 문장 중 밑줄 친 부분이 뜻하는 단어를 골라 보세요. ···················· [　　]

　　토끼가 거북이에게 말했습니다. "나는 아주 빠르게 달릴 수 있어. 너의 **잘하거나 빼어난 점**은 무엇이니?" 거북이가 대답했습니다. "나는 느린 대신, 오랫동안 꾸준히 앞으로 나아갈 수 있어."

① 장수(長壽)
목숨 수

② 성장(成長)
이룰 성

③ 장점(長點)
점 점

🕐 끝난 시간 [　] 시 [　] 분 **1회 분 푸는 데 걸린 시간** [　] 분 ⭐ **5문제 중** [　] 개 3번은 정확히 다 써야 정답입니다. 스스로 붙임딱지

● 그림을 보고 빈칸에 알맞은 한자를 써 보세요.

보기   南 / 東 / 長 / 北 / 西 (서녘 서)

우리 집은 노란색 지붕이 있는 건물입니다.

1   우리 집 西 쪽에는 기다란 강이 흐르고 있어요.

2   나무는 우리 집의 ☐ 쪽에 있어요.

3   학교는 우리 집의 ☐ 쪽에 있어요.

4   교회는 우리 집의 ☐ 쪽에 있어요.

8주차

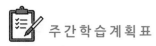 주간학습계획표

회차	학습내용		학습계획일
36회	王 임금 왕		월 일
37회	民 백성 민		월 일
38회	軍 군사 군		월 일
39회	先 먼저 선		월 일
40회	生 날 생		월 일

王

 임금

 임금 왕

 임금 왕

뜻(훈) 임금

소리(음) 왕

영어 king 왕

[**임금 왕**은 **강한 힘을 의미하는 도끼**를 보고 만들었습니다.]

왕이라고 읽으며 임금, 으뜸, 크다 등의 뜻이 있습니다.

예문 왕자는 신데렐라에게 한눈에 반했어.
= 왕의 아들은 신데렐라에게 한눈에 반했어.

📖 교과어휘

① **왕자**(王 子) 임금의 아들 `국어 1-2(가)`
　　임금 왕 아들 자

② **왕비**(王 妃) 임금의 아내 `국어 6-1(나)`
　　임금 왕 왕비 비

③ **세종대왕**(世 宗 大 王) 한글을 만든 조선시대 왕 `겨울 1-2`
　　인간 세 마루 종 큰 대 임금 왕

④ **왕관**(王 冠) 임금이 머리에 쓰는 것 `가을 2-2`
　　임금 왕 갓 관

⑤ **염라대왕**(閻 羅 大 王) 저승에 사는 왕 `국어 6-1(가)`
　　마을 염 벌일 라 큰 대 임금 왕

⑥ **왕만두**(王 饅 頭) 보통 만두보다 큰 만두 `국어 2-1(가)`
　　임금 왕 만두 만 머리 두

1 다음 한자의 뜻(훈)과 소리(음)를 써 보세요.

王　　뜻(훈): ＿＿＿＿＿＿＿　　소리(음): ＿＿＿＿＿＿＿

2 다음 문장 중 밑줄 친 부분을 한자로 써 보세요.

박물관에는 <u>**왕**</u>과 <u>**왕**</u>비가 입었던 옷이 전시되어 있다.

왕 [　　]

3 다음 **임금** 왕 한자를 순서대로 써 보세요.

 王 王 王 王

부수 王 (구슬옥변, 4획) 획수 총 4획

1	2	3	4	5	6	7
王	王	王	王	王	王	
임금 왕	**임금** 왕					

8	9	10	11	12	13	14

15	16	17	18	19	20	21

4 다음 단어와 뜻을 알맞게 선으로 이어 보세요.

① 閻羅大王 ·
   마을 염 벌일 라 큰 대

② 世宗大王 ·
   인간 세 마루 종 큰 대

③ 王子 ·
   아들 자

· 임금의 아들

· 한글을 만든 조선시대 왕

· 저승에 사는 왕

5 다음 그림 중 **임금** 왕 한자와 관련이 있는 것을 고르세요. ·········· [   ]

①    ②    ③

끝난 시간 [ ]시 [ ]분 **1회 분 푸는 데 걸린 시간** [ ]분   **5문제 중** [ ]개 3번은 정확히 다 써야 정답입니다. 스스로 붙임딱지

공부한 날 [ ]월 [ ]일

시작 시간 [ ]시 [ ]분

民

뜻(훈)　백성

소리(음)　민

영어　**people 사람들**

民 백성

民 백성 민

民 백성 민

[**백성 민**은 **백성의 모습**을 보고 만들었습니다.]

민이라고 읽으며 백성, 사람 등의 뜻이 있습니다.

예문 나는 시민 공원에서 자전거를 탔어.

= 나는 시에 사는 사람들을 위한 공원에서 자전거를 탔어.

📖 교과어휘

① **민속놀이**(民 俗 놀이) 예전부터 전해져 내려오는 놀이　국어 1-2(나)
　　　　 백성 민 풍속 속

② **국민**(國 民) 국가에 살고 있는 사람　국어 3-2(나)
　　　 나라 국 백성 민

③ **시민**(市 民) 어떤 시에 사는 사람　국어활동 3-2
　　　 저자 시 백성 민

④ **농민**(農 民) 농사짓는 일을 하는 사람　국어 3-2(가)
　　　 농사 농 백성 민

⑤ **민속촌**(民 俗 村) 우리나라의 전통을 체험할 수 있도록 만든 마을　국어활동 3-2
　　　　 백성 민 풍속 속 마을 촌

1 다음 한자의 뜻(훈)과 소리(음)를 써 보세요.

民　　뜻(훈): ＿＿＿＿＿＿＿＿　　소리(음): ＿＿＿＿＿＿＿＿

2 다음 문장 중 밑줄 친 부분을 한자로 써 보세요.

나는 대한민국의 국<u>민</u>이다.

민 [ ]

3 다음 **백성 민** 한자를 순서대로 써 보세요.

民 民 民 民 民

부수 氏(각시씨, 4획) 획수 총 5획

1 民	2 民	3 民	4 民	5 民	6 民	7 民
백성 민	**백성** 민					
8	9	10	11	12	13	14
15	16	17	18	19	20	21

4 다음 단어와 뜻을 알맞게 선으로 이어 보세요.

① 國民 ·
나라 국

② 民俗놀이·
풍속 속

③ 農民 ·
농사 농

· 농사를 짓는 사람

· 나라에 살고 있는 사람

· 예전부터 전해 오는 놀이

5 다음 문장 중 빈칸에 들어갈 알맞은 단어를 골라 보세요. ································· [   ]

이곳은 어디일까요? 이곳은 우리나라의 과거 모습을 흉내 내어 꾸며놓은 마을입니다. 마을 곳곳에 전통 초가집과 기와집들이 있고 전통 놀이를 직접 즐기거나 전통 간식을 먹어볼 수도 있습니다. 이곳은 바로 (   )입니다!

① 민속촌(民俗村)
풍속 속 마을 촌

② 농민(農民)
농사 농

③ 시민(市民)
저자 시

🕐 끝난 시간 [   ]시 [   ]분 1회 분 푸는 데 걸린 시간 [   ]분 📑 5문제 중 [   ]개 3번은 정확히 다 써야 정답입니다. 스스로 붙임딱지

뜻(훈)　군사
소리(음)　군

영어　military 군사

[군사 군은 **군사의 모습**을 보고 만들었습니다.]

군이라고 읽으며 군사, 군대, 진치다 등의 뜻이 있습니다.

예문　나의 장래희망은 군인이야.
　　　= 나의 장래희망은 나라를 지키는 사람이야.

📖 교과어휘

① **군인**(軍 人) 군대에서 나라를 지키는 사람 　가을 2-2
　　　군사 군 사람 인

② **장군**(將 軍) 군인들의 대장 　국어 6-1(나)
　　　장수 장 군사 군

③ **적군**(敵 軍) 적의 군대나 군사 　국어 2-2(나)
　　　대적할 적 군사 군

④ **육군**(陸 軍) 주로 땅 위에서 나라를 지키는 군인 　국어 6-1(나)
　　　뭍 육 군사 군

⑤ **해군**(海 軍) 주로 바다 위에서 나라를 지키는 군인
　　　바다 해 군사 군

⑥ **공군**(空 軍) 주로 하늘 위에서 나라를 지키는 군인
　　　빌 공 군사 군

---

1 다음 한자의 뜻(훈)과 소리(음)를 써 보세요.

　軍　　뜻(훈): ＿＿＿＿＿＿＿＿　　소리(음): ＿＿＿＿＿＿＿＿

---

2 다음 문장 중 밑줄 친 부분을 한자로 써 보세요.

　　　장군은 전쟁을 지휘하고 **군**인들을 이끄는 대장이다.

　　　군

3 다음 **군사 군** 한자를 순서대로 써 보세요.

부수 車(수레거, 7획) 획수 총 9획

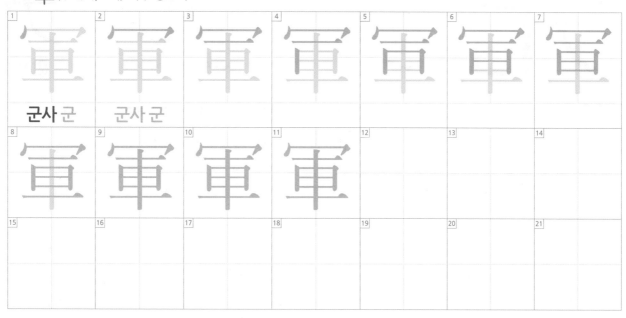

軍	軍	軍	軍	軍	軍	軍
군사 군	군사 군					
軍	軍	軍	軍			

4 다음 단어와 뜻을 알맞게 선으로 이어 보세요.

① 敵軍 ·
대적할 적

② 海軍 ·
바다 해

③ 陸軍 ·
뭍 육

· 땅에서 나라를 지키는 군인

· 바다에서 나라를 지키는 군인

· 적의 군대나 군사

5 다음 문장 중 빈칸에 들어갈 알맞은 단어를 골라 보세요. ·························· [　　　]

> 고구려에 수나라가 군대를 이끌고 쳐들어오자, 고구려의 용맹한 (　　　)인 을지문덕은
> 용감하게 맞서 싸워 승리했습니다.

① 적군(敵軍)
대적할 적

② 공군(空軍)
빌 공

③ 장군(將軍)
장수 장

끝난 시간　□시 □분 **1회 분 푸는 데 걸린 시간** □분 **5문제 중** □개 3번은 정확히 다 써야 정답입니다. 스스로 붙임딱지

先

먼저 선

뜻(훈)   먼저
소리(음)   선
영어 first 먼저

[먼저 선은 **먼저 앞서 나가는 사람의 모습**을 보고 만들었습니다.]

선이라고 읽으며 먼저, 이전, 처음 등의 뜻이 있습니다.

예문 우선 손을 씻고 밥을 먹자!
= 먼저 손을 씻고 밥을 먹자!

📖 교과어휘

① **선생님**(先 生 님) 무언가를 가르치는 사람 국어 1-1(가)
　　먼저 선 날 생

② **우선**(于 先) 무슨 일에 앞서서 국어활동 4-2
　　어조사 우 먼저 선

③ **선착순**(先 着 順) 먼저 온 순서대로
　　먼저 선 붙을 착 순할 순

④ **선배**(先 輩) 같은 학교를 먼저 입학한 사람. 또는 나이나 배움이 자기보다 앞서는 사람
　　먼저 선 무리 배

⑤ **선진국**(先 進 國) 다른 나라들보다 문화와 기술이 먼저 발전한 나라 국어활동 4-2
　　먼저 선 나아갈 진 나라 국

---

1 다음 한자의 뜻(훈)과 소리(음)를 써 보세요.

先　　뜻(훈): _____　　소리(음): _____

2 다음 문장 중 밑줄 친 글자의 한자를 찾아 번호를 써 보세요.

보기　　①民　②先　③軍　④木　⑤水

앞쪽에 있는 **나무**부터 **먼저** **물**을 주자.

[ ]　[ ]　[ ]

3 다음 **먼저 선** 한자를 순서대로 써 보세요.

부수 ル (어진사람인발, 2획) 획수 총 6획

1 先	2 先	3 先	4 先	5 先	6 先	7 先
먼저 선	먼저 선					
8 先	9	10	11	12	13	14
15	16	17	18	19	20	21

4 다음 단어와 뜻을 알맞게 선으로 이어 보세요.

① 于先 ·
어조사 우

② 先進國 ·
나아갈 진 나라 국

③ 先着順 ·
붙을 착 순할 순

· 먼저 온 순서대로

· 무슨 일에 앞서서

· 먼저 발전한 나라

5 다음 문장 중 빈칸에 들어갈 알맞은 단어를 골라 보세요. ·························· [   ]

> 5월 15일은 스승의 날입니다. 이 날에는 학생들이 자신을
>
> 가르쳐주신 (   )의 은혜를 생각하며 감사를 전하거나 노래를
>
> 불러드립니다.

① 선배(先輩)
무리 배

② 선생님(先生님)
날 생

③ 선착순(先着順)
붙을 착 순할 순

8주

39
회

정답
134쪽

끝난 시간 ☐ 시 ☐ 분 **1회 분 푸는 데 걸린 시간** ☐ 분 **5문제 중** ☐ 개 3번은 정확히 다 써야 정답입니다. 스스로 붙임딱지

生

나다

날 생

날 생

뜻(훈) 날

소리(음) 생

영어 birth 태어남

[날 생은 **땅 위로 새로 자라나는 새싹**을 보고 만들었습니다.]

생이라고 읽으며 나다, 낳다, 살다, 기르다 등의 뜻이 있습니다.

예문 내 생일은 2월 2일이야.
= 내가 태어난 날은 2월 2일이야.

📖 교과어휘

① **생일**(生 日) 태어난 날 [국어 1-1(나)]
날 생 날 일

② **생선**(生 鮮) 먹을 수 있는 신선한 물고기 [국어 2-1(가)]
날 생 생선 선

③ **학생**(學 生) 무언가를 배우는 사람 [국어 2-2(가)]
배울 학 날 생

④ **생활**(生 活) 생명을 가지고 활동하며 살아감 [국어 1-1(가)]
날 생 살 활

⑤ **평생**(平 生) 태어나서 죽기까지의 시간 전체 [국어활동 3-2]
평평할 평 날 생

---

1 다음 한자의 뜻(훈)과 소리(음)를 써 보세요.

生 뜻(훈): _____ 소리(음): _____

2 다음 문장 중 밑줄 친 부분을 한자로 써 보세요.

나는 올해 초등학교에 입학하여 초등학<u>생</u>이 되었다.

생

3 다음 **날 생** 한자를 순서대로 써 보세요.

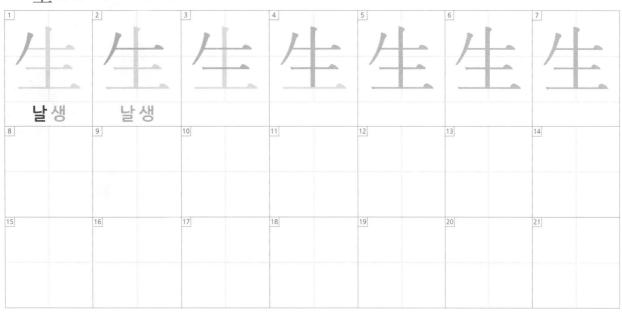

부수 生(날생, 5획) 획수 총 5획

1	2	3	4	5	6	7
生	生	生	生	生	生	生
날 생	날 생					
8	9	10	11	12	13	14
15	16	17	18	19	20	21

4 다음 단어와 뜻을 알맞게 선으로 이어 보세요.

① 生活 ·
　 살 활

② 平生 ·
　 평평할 평

③ 生鮮 ·
　 생선 선

· 태어나서 죽기까지의 시간 전체

· 활동하며 살아감

· 신선한 물고기

5 다음 문장 중 빈칸에 들어갈 알맞은 단어를 골라 보세요. ·········· [　　　]

> 이 날은 언제일까요? 이 날은 태어난 것을 기념하며 축하하는 날입니다. 이 날이 되면 우리 나라 사람들은 미역국을 먹습니다. 이 날은 바로 (　　　　)입니다.

① 학생(學生)
　 배울 학

② 평생(平生)
　 평평할 평

③ 생일(生日)
　 날 일

끝난 시간 　시 　분 **1회 분 푸는 데 걸린 시간** 　분 **5문제 중** 　개 3번은 정확히 다 써야 정답입니다. 스스로 붙임딱지

● 밑줄 친 글자의 한자를 찾아 번호를 써 보세요.

고구려를 건국한 주몽

강의 신 하백의 딸이 햇빛을 받아 임신하여 **커다란** 알을 낳았습니다.

그 알에서 **태어난** 사람이 바로 주몽입니다.

주몽은 어려서부터 활을 잘 쏘고 말을 잘 탔습니다.

성인이 된 주몽은 당시 살고있던 부여를 떠나기로 결심한 후 자신을 따르던 **군사**들을 이끌고 남쪽으로 내려갔습니다.

그런데 한참 가다보니 커다란 강이 나와서 더 이상 갈 수가 없었습니다.

그러자 주몽이 강을 향해 외쳤습니다. "나는 강의 신 하백의 손자다!"

주몽의 외침을 들은 물고기들과 자라는 물 위로 올라와 다리를 만들어주었습니다.

덕분에 무사히 강을 건넌 주몽은 더 **남쪽**까지 내려가서 나라를 세웠고 그렇게 하여 세워진 나라가 바로 고구려입니다.

후에 고구려는 백제, 신라와 함께 삼국시대를 이끄는 강력한 나라가 되었습니다.

보기   ① 大 (큰 대)   ② 南   ③ 生   ④ 軍

9주차

주간학습계획표

회차	학습내용		학습계획일	
41회	學 배울 학		월	일
42회	校 학교 교		월	일
43회	敎 가르칠 교		월	일
44회	室 집 실		월	일
45회	門 문 문		월	일

學

뜻(훈) 배울

소리(음) 학

영어 study 배우다

배우다

배울 학

배울 학

[**배울** 학은 **집 안에서 공부하고 있는 아이**를 보고 만들었습니다.]

학이라고 읽으며 배우다, 공부하다 등의 뜻이 있습니다.

예문 새 학기를 맞아 **학**용품을 샀다.
= 새 학기를 맞아 **공부할** 때 필요한 물건들을 샀다.

📖 교과어휘

① **과학자**(科 **學** 者) 과학을 연구하는 사람 가을 2-2
　　　과목 과 배울 학 놈 자

② **입학**(入 **學**) 학교에 들어감 국어 1-1(가)
　　　들 입 배울 학

③ **학용품**(**學** 用 品) 공부할 때 필요한 물건들 국어 1-2(나)
　　　배울 학 쓸 용 물건 품

④ **방학**(放 **學**) 학교에서 학기를 마치고 얼마 동안 수업을 쉬는 것 국어활동 2-1
　　　놓을 방 배울 학

⑤ **학습**(**學** 習) 배우고 여러 번 반복해서 공부함 국어 1-1(가)
　　　배울 학 익힐 습

⑥ **학부모**(**學** 父 母) 학생의 아버지나 어머니. 학생의 보호자 사회 4-1
　　　배울 학 아버지 부 어머니 모

1 다음 한자의 뜻(훈)과 소리(음)를 써 보세요.

學

뜻(훈): _____　　　소리(음): _____

2 다음 문장 중 밑줄 친 부분을 한자로 써 보세요.

나는 방**학**동안 매일 줄넘기를 100개씩 했다.

학 [　　]

3 다음 **배울 학** 한자를 순서대로 써 보세요.

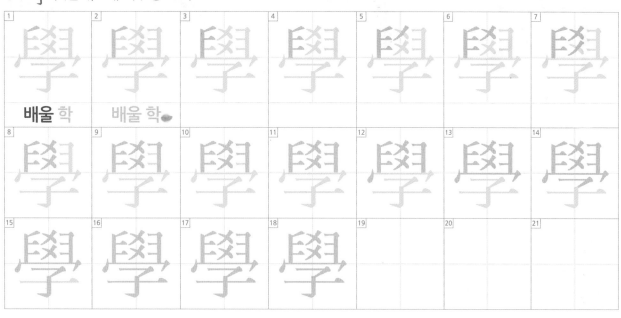

부수 子(아들자, 3획) 획수 총 16획

1 學	2 學	3 學	4 學	5 學	6 學	7 學
배울 학	배울 학					

8 學	9 學	10 學	11 學	12 學	13 學	14 學

15 學	16 學	17 學	18 學	19	20	21

4 다음 단어와 뜻을 알맞게 선으로 이어 보세요.

① 放學 ·
놓을 방

② 學父母 ·
아버지 부 어머니 모

③ 學習 ·
익힐 습

· 학생의 아버지나 어머니

· 배우고 공부함

· 학기를 마치고 얼마 동안 수업을 쉬는 것

5 다음 문장 중 빈칸에 들어갈 알맞은 단어를 골라 보세요. ┈┈┈┈┈┈┈┈ [   ]

> "좋아, 성공이야! 드디어 세수를 시켜주는 로봇을 발명해냈어.
>
> 이 로봇만 있으면 사람들은 가만히 있어도 얼굴을 씻을 수 있을 거야.
>
> 이 로봇을 세상에 공개하면 난 세계적인 (   )이/가 될 거야!"

① 학용품(學用品)   ② 과학자(科學者)   ③ 입학(入學)
쓸용 물건 품   과목 과 놈 자   들 입

끝난 시간 [ ]시 [ ]분 **1회 분 푸는 데 걸린 시간** [ ]분   **5문제 중** [ ]개   3번은 정확히 다 써야 정답입니다.   스스로 붙임딱지

📅 공부한 날 [ ]월 [ ]일
⏱ 시작 시간 [ ]시 [ ]분

校

뜻(훈)　학교
소리(음)　교

영어　school 학교

[학교 교는 **나무 옆에서 다리를 꼬고 앉아 있는 사람**을 보고 만들었습니다.]

교라고 읽으며 학교, 장교, 부대 등의 뜻이 있습니다.

예문 나는 교내에서 열린 글짓기 대회에서 금상을 받았어.
　　= 나는 학교 안에서 열린 글짓기 대회에서 금상을 받았어.

📖 교과어휘

① **학교**(學 校) 학생들이 공부하기 위해 가는 곳 `국어 1-1(가)`
　　배울 학 학교 교
② **교장선생님**(校 長 先 生 님) 학교를 대표하는 선생님 `국어 3-2(나)`
　　학교 교 길 장 먼저 선 날 생
③ **교문**(校 門) 학교의 문 `국어 3-1(가)`
　　학교 교 문 문
④ **교복**(校 服) 학교에서 학생들이 입도록 정한 옷 `국어 4-2(나)`
　　학교 교 옷 복
⑤ **교칙**(校 則) 학교의 규칙
　　학교 교 법칙 칙
⑥ **교내**(校 內) 학교의 안
　　학교 교 안 내

1 다음 한자의 뜻(훈)과 소리(음)를 써 보세요.

校　　뜻(훈): _____　　소리(음): _____

2 다음 문장 중 밑줄 친 글자의 한자를 찾아 번호를 써 보세요.

보기　　①軍　②生　③校　④九　⑤北

오늘은 **학교**에서 **구**구단을 배웠다.

[ ]　[ ]

3 다음 **학교 교** 한자를 순서대로 써 보세요.

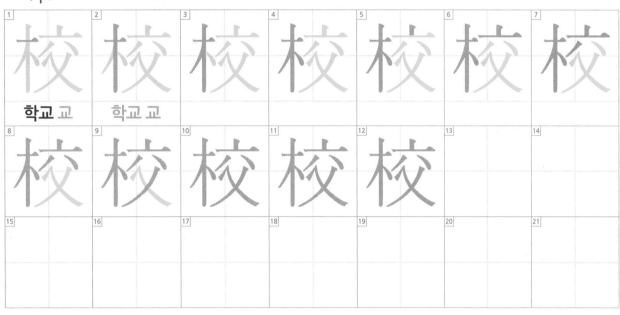

校校校校校校校校校校

부수 木(나무목, 4획) 획수 총 10획

1 校	2 校	3 校	4 校	5 校	6 校	7 校
학교 교	학교 교					
8 校	9 校	10 校	11 校	12 校	13	14
15	16	17	18	19	20	21

4 다음 단어와 뜻을 알맞게 선으로 이어 보세요.

① 校內 ·
안 내

② 校服 ·
옷 복

③ 校則 ·
법칙 칙

· 학생들이 입도록 한 옷

· 학교의 안

· 학교의 규칙

5 다음 문장 중 빈칸에 공통으로 들어갈 알맞은 단어를 골라 보세요. ························ [　　　]

> 　(　　　　)은/는 선생님께 가르침을 받으며 친구들과 함께 어울리는 곳입니다.
> 우리는 (　　　　)에서 공부뿐만 아니라 정해진 규칙을 잘 지키고 다른 친구들과 잘 어울리는
> 방법도 배웁니다.

① 학교(學校)　　　② 교문(校門)　　　③ 교장선생님(校長先生님)
　　배울 학　　　　　　　　　문 문　　　　　　　길 장 먼저 선 날 생

9
주

42
회

정답
135쪽

끝난 시간 　시 　분 **1회 분 푸는 데 걸린 시간** 　분 　 **5문제 중** 　개 　3번은 정확히 다 써야 정답입니다. 　스스로 붙임딱지

教

가르치다

가르칠 교

가르칠 교

뜻(훈)　가르칠
소리(음)　교
영어　teach 가르치다

[**가르칠 교**는 **아이를 가르치는 선생님**을 보고 만들었습니다.]

교라고 읽으며 가르치다, 가르침, 본받다 등의 뜻이 있습니다.

예문　도영이의 꿈은 교사가 되는 것이다.
　　　= 도영이의 꿈은 선생님이 되는 것이다.

📖 교과어휘

① **교**과서(教 科 書) 학교에서 학생이 배우는 책 　국어 1-1(가)
　　가르칠 교 과목 과 글 서
② **교**실(教 室) 학생들이 수업을 듣는 곳 　국어 1-1(가)
　　가르칠 교 집 실
③ **교**육(教 育) 누군가를 가르치는 것 　사회 3-1
　　가르칠 교 기를 육
④ **교**훈(教 訓) 앞으로의 삶에 도움이 되는 가르침 　국어 4-2(나)
　　가르칠 교 가르칠 훈
⑤ **교**사(教 師) 선생님. 학생을 가르치는 사람 　가을 2-2
　　가르칠 교 스승 사

1 다음 한자의 뜻(훈)과 소리(음)를 써 보세요.

教　　뜻(훈): _____　　소리(음): _____

2 다음 문장 중 밑줄 친 부분을 한자로 써 보세요.

교실 안에서는 실내화를 신는다.

교 [　]

3 다음 **가르칠 교** 한자를 순서대로 써 보세요.

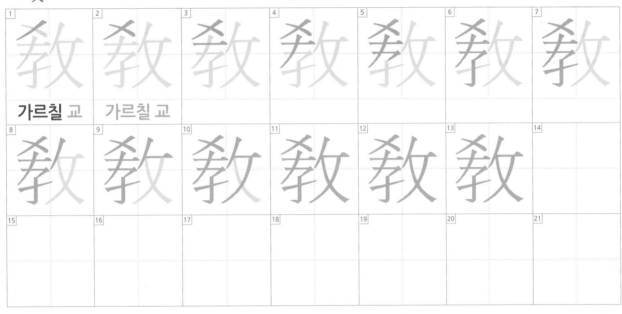

부수 攵(등글월문, 4획) 획수 총 11획

1 教	2 教	3 教	4 教	5 教	6 教	7 教
가르칠 교	**가르칠** 교					
8 教	9 教	10 教	11 教	12 教	13 教	14
15	16	17	18	19	20	21

4 다음 단어와 뜻을 알맞게 선으로 이어 보세요.

① 教訓·
　가르칠 훈

② 教育·
　기를 육

③ 教室·
　집 실

· 도움이 되는 가르침

· 학생들이 수업을 듣는 곳

· 누군가를 가르치는 것

5 다음 그림 중 **가르칠 교** 한자와 관련이 있는 것을 고르세요. ·············· [　　]

① 　② ③

9
주

43
회

정답
135쪽

 끝난 시간 [　] 시 [　] 분 **1회 분 푸는 데 걸린 시간** [　] 분 **5문제 중** [　] 개 3번은 정확히 다 써야 정답입니다. 스스로 붙임딱지

室

집 · 집 실 · 집 실

뜻(훈)　집

소리(음)　실

영어 house 집

[집 실은 **사람이 살고 있는 집의 모습**을 보고 만들었습니다.]

실이라고 읽으며 집, 방, 거실 등의 뜻이 있습니다.

예문 이 신발은 실외에서 신는 신발이야.
= 이 신발은 집 밖에서 신는 신발이야.

📖 교과어휘

① **실내화**(室 內 靴) 방이나 건물 안에서만 신는 신발 국어활동 1-1
　　　　집 실 안 내 신 화
② **거실**(居 室) 가족들이 다 같이 생활하는 공간 국어 3-1(가)
　　　살거 집실
③ **화장실**(化 粧 室) 변기가 있는 방 국어활동 1-2
　　　　될화 단장할장 집실
④ **미용실**(美 容 室) 머리를 다듬어주는 곳 가을 1-2
　　　　아름다울미 얼굴 용 집실
⑤ **침실**(寢 室) 잠을 자는 방
　　　잘침 집실
⑥ **실외**(室 外) 집이나 건물의 밖 사회 3-1
　　　집 실 바깥 외

---

1 다음 한자의 뜻(훈)과 소리(음)를 써 보세요.

室　　뜻(훈): _____　　소리(음): _____

2 다음 문장 중 밑줄 친 부분을 한자로 써 보세요.

> 학교에 오면 운동화를 실내화로 갈아 신는다.

실 [　　]

3 다음 **집 실** 한자를 순서대로 써 보세요.

室室室室室室室室室

부수 宀(갓머리, 3획) 획수 총 9획

1 室	2 室	3 室	4 室	5 室	6 室	7 室
집실	**집**실					
8 室	9 室	10 室	11 室	12	13	14
15	16	17	18	19	20	21

4 다음 단어와 뜻을 알맞게 선으로 이어 보세요.

① 室內靴 ·
　　안 내　신 화

② 寢室 ·
　　잘 침

③ 美容室 ·
　아름다울 미 얼굴 용

· 건물 안에서만 신는 신발

· 머리를 다듬어주는 곳

· 잠을 자는 방

5 다음 문장 중 빈칸에 들어갈 알맞은 단어를 골라 보세요. ·········· [　　　]

나는 (　　　　)입니다. 내 안에는 변기와 휴지가 있으며 사람들이
손을 씻거나 양치를 할 수도 있습니다. 내가 없으면 아마 사람들은 몹시
괴로울 거예요!

① 실외(室外)　　　　② 거실(居室)　　　　③ 화장실(化粧室)
　　　바깥 외　　　　　　　살 거　　　　　　　될 화　단장할 장

9
주

44
회

정답
135쪽

끝난 시간 [　] 시 [　] 분　**1회 분 푸는 데 걸린 시간** [　] 분　**5문제 중** [　] 개　3번은 정확히 다 써야 정답입니다.　스스로 붙임딱지

門

뜻(훈) 문
소리(음) 문
영어 door 문

[문 문은 **두 개의 문짝이 있는 문**을 보고 만들었습니다.]

문이라고 읽으며 문, 집안 등의 뜻이 있습니다.

예문 우리 집 대문에는 내가 그려놓은 낙서가 있어.
= 우리 집 큰 문에는 내가 그려놓은 낙서가 있어.

📖 교과어휘

① **창문**(窓 門) 밖을 내다볼 수 있도록 벽에 만들어 놓은 문 국어활동 1-2
　　창 창 문 문
② **대문**(大 門) 큰 문. 주로 건물에서 사람들이 제일 많이 이용하는 문 가을 1-2
　　큰 대 문 문
③ **전문가**(專 門 家) 어떤 것에 대해 아주 많이 알고 있는 사람 국어 4-2(나)
　　오로지 전 문 문 집 가
④ **정문**(正 門) 건물의 앞문 국어활동 4-1
　　바를 정 문 문
⑤ **후문**(後 門) 건물의 뒷문 국어 5-1(나)
　　뒤 후 문 문
⑥ **출입문**(出 入 門) 들어가거나 나오는 문 국어 5-1(나)
　　날 출 들 입 문 문

1 다음 한자의 뜻(훈)과 소리(음)를 써 보세요.

門
뜻(훈): ＿＿＿＿＿＿＿　　소리(음): ＿＿＿＿＿＿＿

2 다음 문장 중 밑줄 친 부분을 한자로 써 보세요.

창<u>문</u>을 열었더니 시원한 바람이 들어왔다.

문 ☐

3 다음 문 문 한자를 순서대로 써 보세요.

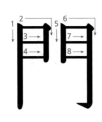

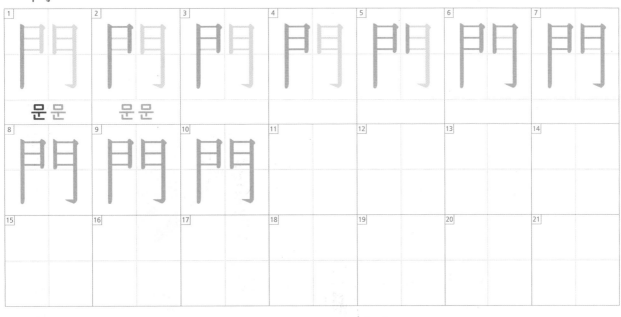

부수 門(문문, 8획) 획수 총 8획

1	2	3	4	5	6	7
門	門	門	門	門	門	門
문 문	문 문					

8	9	10	11	12	13	14
門	門	門				

15	16	17	18	19	20	21

4 다음 단어와 뜻을 알맞게 선으로 이어 보세요.

① 正門 ·
   바를 정

② 窓門 ·
   창 창

③ 後門 ·
   뒤 후

· 벽에 만들어 놓은 문

· 건물의 뒷문

· 건물의 앞문

5 다음 그림 중 문 문 한자와 관련이 있는 것을 고르세요. ························ [　　　]

①

② ③

9
주

45
회

정답
135쪽

 끝난 시간 [　]시 [　]분 **1회 분 푸는 데 걸린 시간** [　]분   **5문제 중** [　]개 3번은 정확히
다 써야 정답입니다. 스스로
붙임딱지

● 그림을 보고 밑줄 친 글자의 한자를 찾아 번호를 써 보세요.

| 보기 | ① 敎 ② 門 ③ 學校(학교) ④ 敎室 ⑤ 學生 |

제목: 개학   날씨: ☀ 맑음

드디어 길었던 방학이 끝나고 <u>학교</u>에 갔다.
　　　　　　　　　　　　　　　[3]

<u>문</u>을 열고 <u>교실</u>에 들어가니 친구들이 반갑게 인사해주었다.
[　]　　　[　]

오랜만에 반 친구들을 모두 만나니까 무척 즐거웠다.

내일도 학교에서 친구들과 신나게 놀 것이다.

10주차

📋 주간학습계획표

회차	학습내용	학습계획일
46회	白 흰 백 	☐ 월 ☐ 일
47회	靑 푸를 청	☐ 월 ☐ 일
48회	韓 한국(나라) 한	☐ 월 ☐ 일
49회	國 나라 국	☐ 월 ☐ 일
50회	萬 일만 만	☐ 월 ☐ 일

白

뜻(훈)   흰

소리(음)   백

영어   white 흰색

하얗다   흰 백   흰 백

[흰 백은 **밝게 타는 촛불**을 보고 만들었습니다.]

백이라고 읽으며 희다, 깨끗하다, 분명하다 등의 뜻이 있습니다.

예문 보라는 백지에 자기 이름을 적었다.
    = 보라는 빈 종이에 자기 이름을 적었다.

📖 교과어휘

① **고백**(告 白) 숨겨왔던 사실을 털어놓음   국어 3-1(나)
   고할 고 흰 백

② **백지장**(白 紙 張) 하얀 종이   국어 6-1(가)
   흰 백 종이 지 베풀 장

③ **순백**(純 白) 다른 색이 섞이지 않은 순수한 흰색. 또는 티 없이 맑음
   순수할 순 흰 백

④ **명백**(明 白) 의심할 수 없을 만큼 뚜렷함
   밝을 명 흰 백

⑤ **백지**(白 紙) 아무것도 쓰여 있지 않은 빈 종이
   흰 백 종이 지

1 다음 한자의 뜻(훈)과 소리(음)를 써 보세요.

白   뜻(훈): _____   소리(음): _____

2 다음 문장 중 밑줄 친 부분을 한자로 써 보세요.

잘못을 하면 숨기지 말고 솔직하게 고**백**해야 한다.

백

3 다음 **흰 백** 한자를 순서대로 써 보세요.

부수 白 (흰백, 5획) 획수 총 5획

1 白	2 白	3 白	4 白	5 白	6 白	7 白
흰 백	**흰** 백					
8	9	10	11	12	13	14
15	16	17	18	19	20	21

4 다음 단어와 뜻을 알맞게 선으로 이어 보세요.

① 明白 ·
밝을 명

② 白紙 ·
종이 지

③ 純白 ·
순수할 순

· 순수한 흰색

· 의심할 수 없을 만큼 뚜렷함

· 빈 종이

5 다음 문장 중 빈칸에 들어갈 알맞은 단어를 골라 보세요. ·· [   ]

"(   )도 맞들면 낫다."는 말이 있습니다. 가벼운 하얀 종이 한 장을 드는 것처럼 아주 쉬운 일도 여러 사람이 힘을 합하면 더 쉽게 해결할 수 있다는 뜻입니다.

① 백지장(白紙張)
종이 지 베풀 장

② 고백(告白)
고할 고

③ 순백(純白)
순수할 순

끝난 시간 ☐ 시 ☐ 분 **1회 분 푸는 데 걸린 시간** ☐ 분   **5문제 중** ☐ 개   3번은 정확히 다 써야 정답입니다.   스스로 붙임딱지

靑

뜻(훈)　푸를
소리(음)　청
영어　blue 파란색

푸르다

푸를　청

푸를　청

[**푸를 청**은 **붉은 돌 사이에서 피어난 새싹이 더 푸르러 보이는 모습**을 보고 만들었습니다.]

청이라고 읽으며 푸르다, 젊다 등의 뜻이 있습니다.

예문 대부분의 사람은 청소년기에 키가 자란다.
　　= 대부분의 사람은 10대 때 키가 자란다.

📖 교과어휘

① **청소년**(靑 少 年) 주로 10대를 이르는 말 국어 3-2(가)
　　푸를 청 적을 소 해 년
② **청설모**(靑 鼠 毛) 푸른 나무에서 사는 다람쥐과의 동물(청설모의 원래 말은 청서모) 겨울 2-2
　　푸를 청 쥐 서 터럭 모
③ **청와대**(靑 瓦 臺) 푸른 기와집. 우리나라 대통령이 일하고 사는 곳
　　푸를 청 기와 와 대 대
④ **청춘**(靑 春) 젊은 나이를 가진 10대 후반에서 20대를 이르는 말
　　푸를 청 봄 춘
⑤ **고려청자**(高 麗 靑 瓷) 고려 시대에 만든 푸른 빛의 도자기 국어활동 4-2
　　높을 고 고울 려 푸를 청 사기그릇 자

---

1 다음 한자의 뜻(훈)과 소리(음)를 써 보세요.

靑　　뜻(훈): ＿＿＿＿＿＿＿　　소리(음): ＿＿＿＿＿＿＿

2 다음 문장 중 밑줄 친 글자의 한자를 찾아 번호를 써 보세요.

보기　　①靑　②室　③門　④日　⑤白

내 방**문**은 **푸른**색 바탕에 **흰** 손잡이가 달려있다.

[　] [　]　　[　]

3 다음 **푸를 청** 한자를 순서대로 써 보세요.

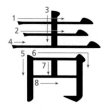

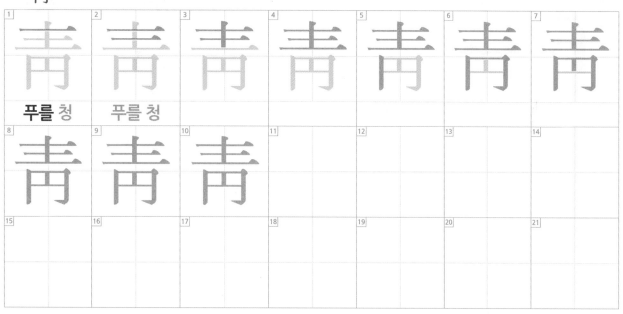

부수 靑(푸를청, 8획) 획수 총 8획

1	2	3	4	5	6	7
靑	靑	靑	靑	靑	靑	靑
푸를 청	푸를 청					

8	9	10	11	12	13	14
靑	靑	靑				

15	16	17	18	19	20	21

4 다음 단어와 뜻을 알맞게 선으로 이어 보세요.

① 靑少年　·
　　적을소　해년

② 靑春　　·
　　　봄춘

③ 高麗靑瓷·
　높을고 고울려　사기그릇자

· 10대 후반에서 20대를 이르는 말

· 고려 시대 때 만든 푸른 도자기

· 주로 10대를 이르는 말

5 다음 문장 중 빈칸에 들어갈 알맞은 단어를 골라 보세요. ································ [　　]

여기는 어디일까요? 푸른색 기와지붕을 두른 멋진 건물입니다.

여기에서 우리나라의 대통령이 살면서 나랏일을 돌보거나 손님을

맞이하기도 합니다. 여기는 바로 (　　　　)입니다!

① 청와대(靑瓦臺)　　② 청설모(靑鼠毛)　　③ 청춘(靑春)
　　기와와　대대　　　　쥐서　터럭모　　　　　　봄춘

끝난 시간 [　] 시 [　] 분　**1회 분 푸는 데 걸린 시간** [　] 분　**5문제 중** [　] 개　3번은 정확히 다 써야 정답입니다.　스스로 붙임딱지

韓

한국 한국 한 한국 한

뜻(훈) 한국(나라)
소리(음) 한
영어 korea 한국

[한국(나라) 한은 **햇빛이 성을 비추고 있는 모습**을 보고 만들었습니다.]

한이라고 읽으며 대한민국, 나라 이름 등의 뜻이 있습니다.

예문 김치와 불고기는 한국의 대표 음식이야.
= 김치와 불고기는 우리나라의 대표 음식이야.

📖 교과어휘

① **한국**(韓 國) 우리나라. 대한민국 국어 3·1
　　　한국 한 나라 국

② **한복**(韓 服) 우리나라의 전통 의상 가을 1·2
　　　한국 한 옷 복

③ **한옥**(韓 屋) 우리나라 전통 방식으로 지은 집 국어 4·1(가)
　　　한국 한 집 옥

④ **한지**(韓 紙) 닥나무를 이용하여 우리나라 전통 방식으로 만든 종이 국어 3·2(나)
　　　한국 한 종이 지

⑤ **남북한**(南 北 韓) 남한과 북한을 합쳐 이르는 말 겨울 1·2
　　　남녘 남 북녘 북 한국 한

⑥ **한식**(韓 食) 우리나라 전통 음식이나 식사
　　　한국 한 밥 식

1 다음 한자의 뜻(훈)과 소리(음)를 써 보세요.

韓　　뜻(훈): ＿＿＿＿＿＿＿＿＿　　소리(음): ＿＿＿＿＿＿＿＿＿

2 다음 문장 중 밑줄 친 부분을 한자로 써 보세요.

우리나라의 이름은 대**한**민국이다.

한 [ ]

3 다음 **한국 한** 한자를 순서대로 써 보세요.

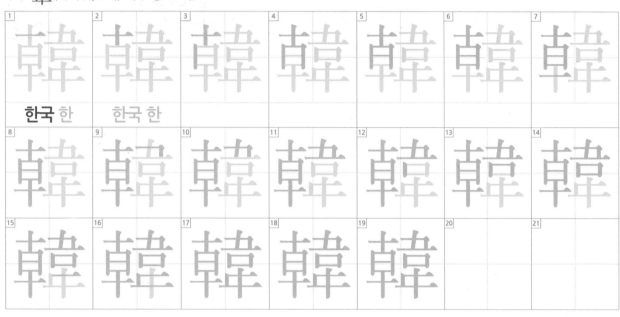

부수 韋(가죽위, 9획) 획수 총 17획

1 韓	2 韓	3 韓	4 韓	5 韓	6 韓	7 韓
한국 한	한국 한					
8 韓	9 韓	10 韓	11 韓	12 韓	13 韓	14 韓
15 韓	16 韓	17 韓	18 韓	19 韓	20	21

4 다음 단어와 뜻을 알맞게 선으로 이어 보세요.

① 南北韓 ·
　남녘 남　북녘 북

② 韓紙 ·
　종이 지

③ 韓屋 ·
　집 옥

· 우리나라 전통 집

· 남한과 북한

· 우리나라 전통 종이

5 다음 문장 중 빈칸에 공통으로 들어갈 알맞은 단어를 골라 보세요. ·························· [　　　]

（　　　）은 우리나라의 전통 의상입니다. 과거에는 （　　　）을 입고

생활했지만 지금은 주로 잔치, 명절과 같이 특별한 경우에만 입습니다.

① 한식(韓食)　　　　② 한국(韓國)　　　　③ 한복(韓服)
　　　밥 식　　　　　　　　　나라 국　　　　　　　　　　옷 복

 끝난 시간 [　] 시 [　] 분 **1회 분 푸는 데 걸린 시간** [　] 분 　★ **5문제 중** [　] 개　3번은 정확히 다 써야 정답입니다.　스스로 붙임딱지

뜻(훈) 나라
소리(음) 국
영어 country 나라

 나라

 나라 국

 나라 국

[**나라 국**은 **무기를 들고 나라를 지키는 모습**을 보고 만들었습니다.]

국이라고 읽으며 나라, 국가, 세상 등의 뜻이 있습니다.

예문 국가마다 국기가 다르게 생겼구나.
= 나라마다 국기가 다르게 생겼구나.

📖 교과어휘

① **애국가**(愛 國 歌) 나라를 사랑하는 마음으로 부르는 노래 겨울 1-2
　　　　사랑 애 나라 국 노래 가

② **외국**(外 國) 자기 나라가 아닌 다른 나라 겨울 1-2
　　　　바깥 외 나라 국

③ **국민**(國 民) 어떤 나라에 살고 있는 사람 국어 3-2(나)
　　　　나라 국 백성 민

④ **국가**(國 家) 나라 국어활동 3-2
　　　　나라 국 집 가

⑤ **한국사**(韓 國 史) 우리나라의 역사
　　　　한국 한 나라 국 사기 사

⑥ **국경**(國 境) 나라와 나라 사이의 경계 국어 2-2
　　　　나라 국 지경 경

1 다음 한자의 뜻(훈)과 소리(음)를 써 보세요.

國　　뜻(훈): _____　　소리(음): _____

2 다음 문장 중 밑줄 친 부분을 한자로 써 보세요.

모든 **국**민이 한 마음으로 국가대표팀을 응원했다.

국 [ ]

3 다음 **나라 국** 한자를 순서대로 써 보세요.

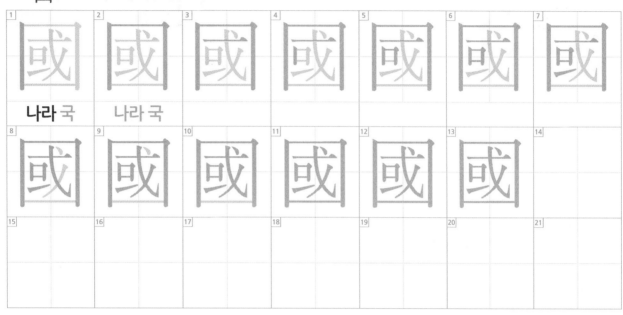

부수 口 (큰입구몸, 3획) 획수 총 11획

1 國	2 國	3 國	4 國	5 國	6 國	7 國
나라 국	나라 국					

8 國	9 國	10 國	11 國	12 國	13 國	14

15	16	17	18	19	20	21

4 다음 단어와 뜻을 알맞게 선으로 이어 보세요.

① 韓國史 ·
　한국 한　　사기 사

② 國家 ·
　　집 가

③ 國境 ·
　　지경 경

· 우리나라의 역사

· 나라와 나라 사이의 경계

· 나라

5 다음 문장 중 밑줄 친 부분이 뜻하는 단어를 골라 보세요. ································ [　　]

> 다른 <u>나라</u>를 여행할 때는 반드시 여권이 있어야 합니다. 여권은 나의 국적과 신분을 보여주고 내가 정당하게 이 나라에 있어도 된다는 것을 증명해주기 때문입니다.

① 외국(外國)
　　바깥 외

② 애국가(愛國歌)
　　사랑 애　노래 가

③ 국민(國民)
　　백성 민

10
주

49
회

정답
136쪽

끝난 시간 [　] 시 [　] 분 **1회 분 푸는 데 걸린 시간** [　] 분 **5문제 중** [　] 개 3번은 정확히 다 써야 정답입니다. 스스로 붙임딱지

📅 공부한 날 [   ] 월 [   ] 일
⏱ 시작 시간 [   ] 시 [   ] 분

萬

萬 일만
萬 일만 만
萬 일만 만

뜻(훈) 일만
소리(음) 만
영어 ten thousand 만

[일만 만은 **알을 많이 낳는 전갈의 모습**을 보고 만들었습니다.]

만이라고 읽으며 10000, 대단히, 매우 많은 등의 뜻이 있습니다.

예문 만일 소풍날 비가 오면 어떡하지?
= 만에 하나 소풍날 비가 오면 어떡하지?

📖 교과어휘

① **만세**(萬 歲) 무언가 축하하거나 신나는 일이 있어서 두 손을 올려 외치는 소리 국어 1-2(가)
　　　일만 만 해 세
② **만일**(萬 一) 만에 하나. 혹시 있을지도 모르는 경우
　　　일만 만 한 일
③ **만물**(萬 物) 세상에 있는 모든 물건
　　　일만 만 물건 물
④ **천만다행**(千 萬 多 幸) 매우 다행히 일이 잘 풀림 국어활동 3-2
　　　일천 천 일만 만 많을 다 다행 행
⑤ **만년설**(萬 年 雪) 아주 추운 곳에서 계속 녹지 않고 쌓여 있는 눈
　　　일만 만 해 년 눈 설

---

1 다음 한자의 뜻(훈)과 소리(음)를 써 보세요.

萬　　뜻(훈): _____　　소리(음): _____

2 다음 문장 중 밑줄 친 글자의 한자를 찾아 번호를 써 보세요.

보기　　①四　②火　③金　④山　⑤萬

저 **산**은 너무 높아서 **만**년이 지나도 눈이 녹지 않을 거야!

[   ]　　[   ]

3 다음 **일만 만** 한자를 순서대로 써 보세요.

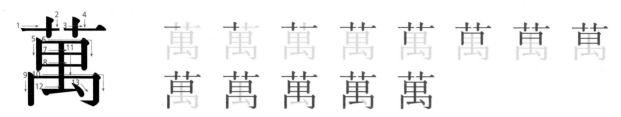

부수 ⺾(초두머리, 4획) 획수 총 13획

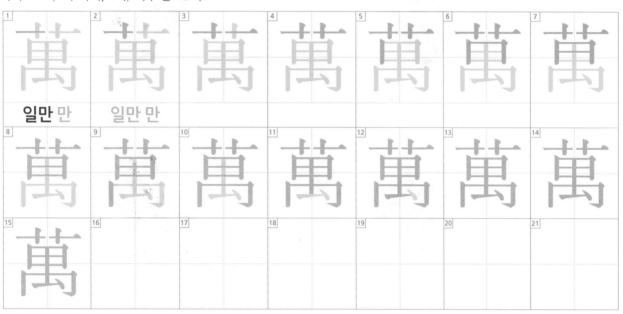

1	2	3	4	5	6	7
萬 **일만 만**	萬 일만 만	萬	萬	萬	萬	萬
8	9	10	11	12	13	14
萬	萬	萬	萬	萬	萬	萬
15	16	17	18	19	20	21
萬						

4 다음 단어와 뜻을 알맞게 선으로 이어 보세요.

① 萬一　　　·
　한 일

② 萬年雪　·
　해 년 눈 설

③ 千萬多幸·
　일천 천 많을 다 다행 행

· 매우 다행히 일이 잘 풀림

· 녹지 않고 쌓여 있는 눈

· 만에 하나. 혹시

5 다음 문장 중 밑줄 친 부분이 뜻하는 단어를 골라 보세요. ·············· [　　　]

> 우리나라 국가대표 축구 경기에서 우리나라가 2 : 4로 승리하였다. 나는 **너무 기뻐서**
> **두 손을 올려들고 신나게 소리**를 외쳤다.

① 만세(萬歲)　　　　② 만물(萬物)　　　　③ 만년설(萬年雪)
　해 세　　　　　　　　물건 물　　　　　　　　해년 눈설

끝난 시간　[　]시 [　]분　**1회 분 푸는 데 걸린 시간** [　]분　⭐ **5문제 중** [　]개　3번은 정확히
다 써야 정답입니다.　스스로
붙임딱지

● 그림을 보고 밑줄 친 글자의 한자를 찾아 번호를 써 보세요.

대한민국 국기의 이름은 태극기입니다.

2

태극기는 **흰** 바탕 위에 태극 문양과 건곤감리가 있는 모양입니다.

태극 문양의 빨간색과 **푸른**색은 음과 양의 조화를 의미합니다.

모서리에 위치한 검은 막대의 이름은 건곤감리이며 하늘, 땅, 물, 불을 상징합니다.

태극기는 우주 **만**물과 더불어 나아가자는 우리나라의 이상을 담고 있습니다.

보기

① 白　　② 大韓民國　　③ 靑　　④ 萬

1주차 정답

01회
본문 08쪽

1 뜻(훈): __한__ 소리(음): __일__

2 一

4
① 統一 •――――• 여러 가지 중 가장 뛰어난
② 第一 •――――• 하나로만 되어 있음
③ 單一 •――――• 나눠진 걸 하나로 함

5 ③

02회
본문 10쪽

1 뜻(훈): __두__ 소리(음): __이__

2 二

4
① 二行詩 •――――• 두 번째 학년
② 二學年 •――――• 시행이 두 개인 시
③ 二月 •――――• 일 년 중 두 번째 달

5 ③

03회
본문 12쪽

1 뜻(훈): __석__ 소리(음): __삼__

2 三

4
① 三一節 •――――• 독립 만세 운동을 기념하는 날
② 三國志 •――――• 어머니의 남자 형제
③ 外三寸 •――――• 중국의 삼국시대를 기록한 역사책

5 ①

04회
본문 14쪽

1 뜻(훈): __넉__ 소리(음): __사__

2 四

4
① 四角形 •――――• 동, 서, 남, 북
② 四則演算 •――――• 네모 모양의 도형
③ 四方 •――――• 덧셈, 뺄셈, 곱셈, 나눗셈을 이용한 셈

5 ③

05회
본문 16쪽

1 뜻(훈): __다섯__ 소리(음): __오__

2 ④, ①, ②

4
① 五行詩 •――――• 5일마다 열리는 시장
② 五日場 •――――• 시행이 다섯 개인 시
③ 五色 •――――• 여러 가지 색깔

5 ②

복습해보기
본문 18쪽

1 一

2 五

3 二

4 三

5 四

2주차 정답

06회
본문 20쪽

1. 뜻(훈): 여섯   소리(음): 육
2. ③, ⑤
4.
① 六角形 — 각이 여섯 개인 도형
② 六學年 — 초등학교의 가장 마지막 학년
③ 六月 — 일 년 중 여섯 번째 달
5. ③

07회
본문 22쪽

1. 뜻(훈): 일곱   소리(음): 칠
2. 七
4.
① 七旬 — 70세
② 北斗七星 — 국자 모양인 일곱 개의 별
③ 七月七夕 — 음력 7월 7일. 견우와 직녀가 만나는 날
5. ②

08회
본문 24쪽

1. 뜻(훈): 여덟   소리(음): 팔
2. 八
4.
① 四方八方 — 모든 방향이나 방면
② 八角形 — 여덟 개의 각이 있는 도형
③ 八旬 — 80세
5. ①

09회
본문 26쪽

1. 뜻(훈): 아홉   소리(음): 구
2. 九
4.
① 九月 — 일 년 중 아홉 번째 달
② 九尾狐 — 꼬리가 아홉 개인 여우
③ 九死一生 — 힘든 상황을 여러 번 겪고 극복해냄
5. ①

10회
본문 28쪽

1. 뜻(훈): 열   소리(음): 십
2. 十
4.
① 十月 — 十자 모양
② 十字 — 일 년 중 열 번째 달
③ 十里 — 약 4km
5. ③

복습해보기
본문 30쪽

2주차 복습해보기 한 주 동안 익혔던 한자들을 한 번 더 공부해 볼까요?

● 빈칸에 알맞은 한자를 써 보세요.

보기 二 / 四 / 六 / 七 / 八

一 + 三   九 - 七   十 - 二   五 + 一   四 + 三

七   六   三   四   八

3주차 정답

11회
본문 32쪽

1 뜻(훈): 달   소리(음): 월

2 月

4
① 月給 ——— 한 달 동안 일한 것에 대해 받는 돈
② 歲月 ——— 일주일의 첫 번째 날
③ 月曜日 ——— 흘러가는 시간

5 ①

12회
본문 34쪽

1 뜻(훈): 불   소리(음): 화

2 火

4
① 火藥 ——— 불을 끄는 기구
② 消火器 ——— 불을 붙이면 폭발하도록 만든 것
③ 火山 ——— 땅속에 뜨거운 마그마가 있는 산

5 ②

13회
본문 36쪽

1 뜻(훈): 물   소리(음): 수

2 水

4
① 水道꼭지 ——— 수돗물이 나오는 곳
② 飲料水 ——— 목마름을 달래거나 맛을 즐기기 위한 마실 것
③ 水泳 ——— 물속에서 헤엄치는 것

5 ① 수족관 (② 農 농사 농 夫 지아비 부, ③ 機 틀 기 內 안 내)

14회
본문 38쪽

1 뜻(훈): 나무   소리(음): 목

2 木

4
① 木曜日 ——— 일주일의 네 번째 날
② 木蓮 ——— 솜을 만들 수 있는 꽃
③ 木花 ——— 3~4월에 피는 하얀 꽃

5 ③

15회
본문 40쪽

1 뜻(훈): 쇠   소리(음): 금

2 金

4
① 金庾信 ——— 지폐나 동전
② 金賞 ——— 금, 은, 동 중에 일등이 받는 상
③ 現金 ——— 삼국통일을 이끈 신라시대 장군

5 ②

복습해보기
본문 42쪽

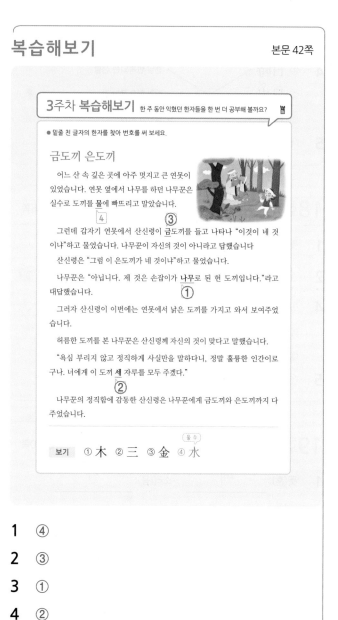

3주차 복습해보기 한 주 동안 익혔던 한자들을 한 번 더 공부해 볼까요?

● 밑줄 친 글자의 한자를 찾아 번호를 써 보세요.

금도끼 은도끼

어느 산 속 깊은 곳에 아주 멋지고 큰 연못이 있었습니다. 연못 옆에서 나무를 하던 나무꾼은 실수로 도끼를 물에 빠뜨리고 말았습니다. [4]

그런데 갑자기 연못에서 산신령이 금도끼를 들고 나타나 "이것이 네 것이냐"하고 물었습니다. 나무꾼이 자신의 것이 아니라고 답했습니다. ③

산신령은 "그럼 이 은도끼가 네 것이냐"하고 물었습니다.

나무꾼은 "아닙니다. 제 것은 손잡이가 나무로 된 헌 도끼입니다."라고 대답했습니다. ①

그러자 산신령이 이번에는 연못에서 낡은 도끼를 가지고 와서 보여주었습니다.

허름한 도끼를 본 나무꾼은 산신령께 자신의 것이 맞다고 말했습니다.

"욕심 부리지 않고 정직하게 사실만을 말하다니, 정말 훌륭한 인간이로구나. 너에게 이 도끼 세 자루를 모두 주겠다." ②

나무꾼의 정직함에 감동한 산신령은 나무꾼에게 금도끼와 은도끼까지 다 주었습니다.

보기   ① 木   ② 三   ③ 金   ④ 水 (물 수)

1 ④

2 ③

3 ①

4 ②

4주차 정답

본문 44쪽

16회

1 뜻(훈): __흙__ 소리(음): __토__

2 土

4 ① 紙粘土 —— 종이에 여러 가지를 섞어 만든 찰흙
   ② 土曜日 —— 일주일의 여섯 번째 날
   ③ 國土 —— 나라의 땅

5 ①

17회

본문 46쪽

1 뜻(훈): __날__ 소리(음): __일__

2 日

4 ① 日時 —— 날짜와 시간
   ② 日出 —— 해가 떠오르는 것
   ③ 日常 —— 맨날 반복되는 생활

5 ①

18회

본문 48쪽

1 뜻(훈): __해__ 소리(음): __년__

2 年

4 ① 昨年 —— 올해의 바로 전 해
   ② 生年月日 —— 태어난 연도와 달, 날짜
   ③ 每年 —— 한 해 한 해마다

5 ③

19회

본문 50쪽

1 뜻(훈): __메__ 소리(음): __산__

2 山

4 ① 山神靈 —— 산에 사는 신령님
   ② 江山 —— 사람의 무덤
   ③ 山所 —— 강과 산

5 ② 등산 (① 會 모일 회 社 모일 사 員 인원 원, ③ 運 옮길 운 動 움직일 동)

20회

본문 52쪽

1 뜻(훈): __마디__ 소리(음): __촌__

2 寸

4 ① 寸數 —— 친척과 가깝고 먼 정도
   ② 三寸 —— 이모, 고모, 삼촌의 자녀
   ③ 四寸 —— 부모님의 남자 형제

5 ③

복습해보기

본문 54쪽

4주차 복습해보기 한 주 동안 익혔던 한자들을 한 번 더 공부해 볼까요?

● 그림을 보고 밑줄 친 글자의 한자를 찾아 번호를 써 보세요.

보기   ① 土 ② 日 ③ 年 ④ 山 ⑤ 寸

제목: 등산   날씨: 맑음

새해를 맞아 삼촌과 등산을 다녀왔다.
  ③   ⑤
산에 올라갈 때는 신발에 자꾸 흙이 들어와서 속상했는데
                        ①
막상 산꼭대기에 도착해서 해가 지는 모습을 보니
      ④   ②
너무 아름다워서 오길 잘했다는 생각이 들었다.

1 ③

2 ⑤

3 ①

4 ④

5 ②

5주차 정답

21회
본문 56쪽

1 뜻(훈): 큰   소리(음): 대

2 大

4
① 最大 — 가장 큼
② 大衆交通 — 많은 사람들이 이용하는 교통수단
③ 大家族 — 식구의 수가 많은 가족

5 ② 대포 (①親 친할 친 舊 예 구, ③ 물고기)

22회
본문 58쪽

1 뜻(훈): 가운데   소리(음): 중

2 ②, ⑤

4
① 集中 — 한 곳에 모음
② 中心 — 한가운데
③ 空中 — 하늘과 땅 사이의 빈 공간

5 ①

23회
본문 60쪽

1 뜻(훈): 작을   소리(음): 소

2 ⑤, ①, ③

4
① 最小 — 가장 작음
② 縮小 — 공연하거나 장식할 때 쓰는 작은 물건
③ 小品 — 더 작게 함

5 ① 소고 (②世 인간 세 界 지경 계, ③ 고래)

24회
본문 62쪽

1 뜻(훈): 바깥   소리(음): 외

2 外

4
① 外套 — 겉옷
② 除外 — 다른 나라의 사람
③ 外國人 — 어떤 무리에서 뺌

5 ②

25회
본문 64쪽

1 뜻(훈): 여자   소리(음): 녀

2 女

4
① 孫女 — 여자
② 女學生 — 여자인 학생
③ 女性 — 자녀의 딸

5 ②

복습해보기
본문 66쪽

1 ②

2 ②

3 ①

4 ②

5 ②

6주차 정답

26회   본문 68쪽

1   뜻(훈): 사람   소리(음): 인

2   人

4   ① 主人公 —— 이야기에서 중심이 되는 사람
     ② 人口 —— 어떤 곳에 사는 사람의 수
     ③ 一般人 —— 평범한 사람

5   ③

27회   본문 70쪽

1   뜻(훈): 아버지   소리(음): 부

2   ④, ②

4   ① 父親 —— 아버지를 정중하게 부르는 말
     ② 父性愛 —— 자식에 대한 아버지의 사랑
     ③ 父母 —— 아버지와 어머니

5   ③

28회   본문 72쪽

1   뜻(훈): 어머니   소리(음): 모

2   母

4   ① 母性愛 —— 자식에 대한 어머니의 사랑
     ② 母女 —— 어머니와 딸
     ③ 母音 —— ㅏ, ㅑ, ㅓ, ㅕ

5   ②

29회   본문 74쪽

1   뜻(훈): 형   소리(음): 형

2   兄

4   ① 兄夫 —— 누나의 남편
     ② 妹兄 —— 언니의 남편
     ③ 兄弟 —— 형과 동생

5   ② 형제 (① 香 향기 향 氣 기운 기, ③ 韓 한국 한 服 옷 복)

30회   본문 76쪽

1   뜻(훈): 아우   소리(음): 제

2   ⑤, ③, ②

4   ① 弟夫 —— 여자가 동생의 남편을 부르는 말
     ② 弟子 —— 선생님께 가르침을 받는 사람
     ③ 弟嫂 —— 남자가 동생의 아내를 부르는 말

5   ②

복습해보기   본문 78쪽

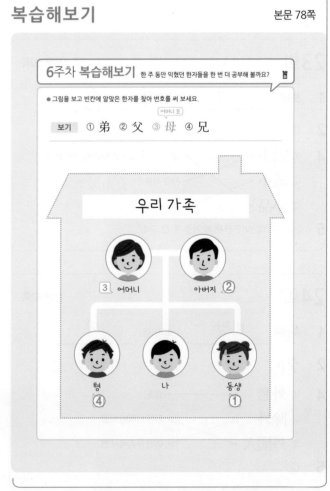

6주차 **복습해보기** 한 주 동안 익혔던 한자들을 한 번 더 공부해 볼까요?

● 그림을 보고 빈칸에 알맞은 한자를 찾아 번호를 써 보세요.

보기   ① 弟   ② 父   ③ 母   ④ 兄

우리 가족

어머니 ③   아버지 ②

형 ④   나   동생 ①

7주차 **정답**

31회 본문 80쪽

1 뜻(훈): 동녘 소리(음): 동
2 東
4 ① 東醫寶鑑 — 허준이 쓴 의학 책
  ② 東洋 — 아시아 나라들을 합쳐 부르는 말
  ③ 東大門 — 한양의 동쪽에 세운 문
5 ③

32회 본문 82쪽

1 뜻(훈): 서녘 소리(음): 서
2 西
4 ① 西大門 — 한양의 서쪽에 세운 문
  ② 西海 — 우리나라 서쪽 바다
  ③ 西洋 — 유럽과 미국 등의 나라들을 부르는 말
5 ③

33회 본문 84쪽

1 뜻(훈): 남녘 소리(음): 남
2 南
4 ① 南海 — 우리나라 남쪽 바다
  ② 南韓 — 우리나라
  ③ 全羅南道 — 우리나라 서남쪽에 있는 도
5 ②

34회 본문 86쪽

1 뜻(훈): 북녘 소리(음): 북
2 ①北 ②西 ③東 ④南
4 ① 北大門 — 한양의 북쪽에 세운 문
  ② 南北韓 — 남한과 북한
  ③ 北半球 — 지구를 둘로 나누었을 때의 북쪽 부분
5 ① 북극곰 (② 室 집 실 內 안 내, ③ 午 낮 오 前 앞 전)

35회 본문 88쪽

1 뜻(훈): 길 소리(음): 장
2 ⑤, ③
4 ① 成長 — 커지고 자라남
  ② 長靴 — 긴 신발
  ③ 長時間 — 오랜 시간
5 ③

복습해보기 본문 90쪽

보기 南 / 東 / 長 / 北 / 西

우리 집은 노란색 지붕이 있는 건물입니다.
1 우리 집 西 쪽에는 기다란 강이 흐르고 있어요.
2 나무는 우리 집의 南 쪽에 있어요.
3 학교는 우리 집의 東 쪽에 있어요.
4 교회는 우리 집의 北 쪽에 있어요.

1 西
2 南
3 東
4 北

8주차 정답

36회 본문 92쪽

1 뜻(훈): 임금   소리(음): 왕

2 王

4
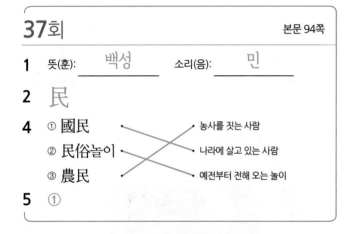
① 閻羅大王   임금의 아들
② 世宗大王   한글을 만든 조선시대 왕
③ 王子   저승에 사는 왕

5 ② 왕관 (① 종이가방, ③ 黃 누를 황 金 쇠 금)

37회 본문 94쪽

1 뜻(훈): 백성   소리(음): 민

2 民

4
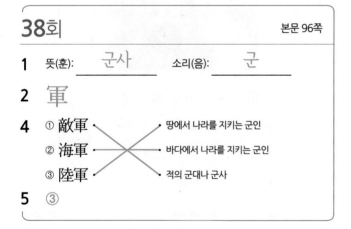
① 國民   농사를 짓는 사람
② 民俗놀이   나라에 살고 있는 사람
③ 農民   예전부터 전해 오는 놀이

5 ①

38회 본문 96쪽

1 뜻(훈): 군사   소리(음): 군

2 軍

4
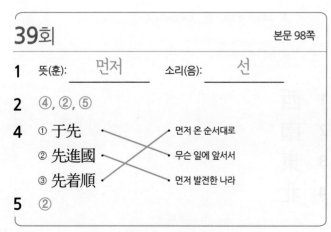
① 敵軍   땅에서 나라를 지키는 군인
② 海軍   바다에서 나라를 지키는 군인
③ 陸軍   적의 군대나 군사

5 ③

39회 본문 98쪽

1 뜻(훈): 먼저   소리(음): 선

2 ④, ②, ⑤

4
① 于先   먼저 온 순서대로
② 先進國   무슨 일에 앞서서
③ 先着順   먼저 발전한 나라

5 ②

40회 본문 100쪽

1 뜻(훈): 날   소리(음): 생

2 生

4
① 生活   태어나서 죽기까지의 시간 전체
② 平生   활동하며 살아감
③ 生鮮   신선한 물고기

5 ③

복습해보기 본문 102쪽

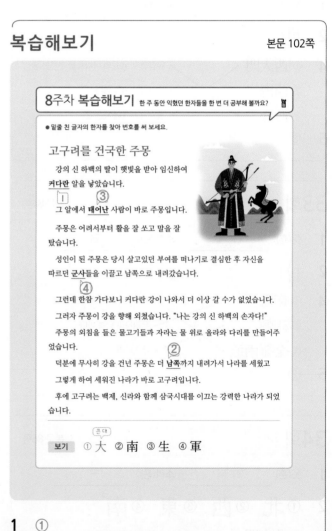

8주차 복습해보기 한 주 동안 익혔던 한자들을 한 번 더 공부해 볼까요?

● 밑줄 친 글자의 한자를 찾아 번호를 써 보세요.

고구려를 건국한 주몽

강의 신 하백의 딸이 햇빛을 받아 임신하여 **커다란** 알을 낳았습니다.
[1] ③
그 알에서 **태어난** 사람이 바로 주몽입니다.

주몽은 어려서부터 활을 잘 쏘고 말을 잘 탔습니다.

성인이 된 주몽은 당시 살고있던 부여를 떠나기로 결심한 후 자신을 따르던 **군사**들을 이끌고 남쪽으로 내려갔습니다.
④
그런데 한참 가다보니 커다란 강이 나와서 더 이상 갈 수가 없었습니다.

그러자 주몽이 강을 향해 외쳤습니다. "나는 강의 신 하백의 손자다!"

주몽의 외침을 들은 물고기들과 자라는 물 위로 올라와 다리를 만들어주었습니다.
②
덕분에 무사히 강을 건넌 주몽은 더 **남쪽**까지 내려가서 나라를 세웠고 그렇게 하여 세워진 나라가 바로 고구려입니다.

후에 고구려는 백제, 신라와 함께 삼국시대를 이끄는 강력한 나라가 되었습니다.

보기   ① 大 (큰 대)   ② 南   ③ 生   ④ 軍

1 ①

2 ③

3 ④

4 ②

9주차 정답

41회
본문 104쪽

1 뜻(훈): 배울   소리(음): 학

2 學

4 ① 放學 ——— 학생의 아버지나 어머니
   ② 學父母 ——— 배우고 공부함
   ③ 學習 ——— 학기를 마치고 얼마 동안 수업을 쉬는 것

5 ②

42회
본문 106쪽

1 뜻(훈): 학교   소리(음): 교

2 ③, ④

4 ① 校內 ——— 학생들이 입도록 한 옷
   ② 校服 ——— 학교의 안
   ③ 校則 ——— 학교의 규칙

5 ①

43회
본문 108쪽

1 뜻(훈): 가르칠   소리(음): 교

2 教

4 ① 教訓 ——— 도움이 되는 가르침
   ② 教育 ——— 학생들이 수업을 듣는 곳
   ③ 教室 ——— 누군가를 가르치는 것

5 ① 교실 (② 天 하늘 천 文 글월 문 臺 대 대, ③ 出 날 출 口 입 구)

44회
본문 110쪽

1 뜻(훈): 집   소리(음): 실

2 室

4 ① 室內靴 ——— 건물 안에서만 신는 신발
   ② 寢室 ——— 머리를 다듬어주는 곳
   ③ 美容室 ——— 잠을 자는 방

5 ③

45회
본문 112쪽

1 뜻(훈): 문   소리(음): 문

2 門

4 ① 正門 ——— 벽에 만들어 놓은 문
   ② 窓門 ——— 건물의 뒷문
   ③ 後門 ——— 건물의 앞문

5 ③ 문 (① 飛 날 비 行 다닐 행 機 틀 기, ② 여름)

복습해보기
본문 114쪽

9주차 복습해보기 한 주 동안 익혔던 한자들을 한 번 더 공부해 볼까요?

● 그림을 보고 밑줄 친 글자의 한자를 찾아 번호를 써 보세요.

보기   학교   ① 教 ② 門 ③ 學校 ④ 教室 ⑤ 學生

제목: 개학   날씨: 맑음

드디어 길었던 방학이 끝나고 학교에 갔다.
   ③

문을 열고 교실에 들어가니 친구들이 반갑게 인사해주었다.
②   ④

오랜만에 반 친구들을 모두 만나니까 무척 즐거웠다.

내일도 학교에서 친구들과 신나게 놀 것이다.

1 ③
2 ②
3 ④

46회

본문 116쪽

1 뜻(훈): 흰   소리(음): 백

2 白

4
① 明白 ⟋⟍ 순수한 흰색
② 白紙 ⟋⟍ 의심할 수 없을 만큼 뚜렷함
③ 純白 ⟋⟍ 빈 종이

5 ①

47회

본문 118쪽

1 뜻(훈): 푸를   소리(음): 청

2 ③, ①, ⑤

4
① 青少年 ⟋⟍ 10대 후반에서 20대를 이르는 말
② 青春 ⟋⟍ 고려 시대 때 만든 푸른 도자기
③ 高麗青瓷 ⟋⟍ 주로 10대를 이르는 말

5 ①

48회

본문 120쪽

1 뜻(훈): 한국   소리(음): 한

2 韓

4
① 南北韓 ⟋⟍ 우리나라 전통 집
② 韓紙 ⟋⟍ 남한과 북한
③ 韓屋 ⟋⟍ 우리나라 전통 종이

5 ③

49회

본문 122쪽

1 뜻(훈): 나라   소리(음): 국

2 國

4
① 韓國史 ⟋⟍ 우리나라의 역사
② 國家 ⟋⟍ 나라와 나라 사이의 경계
③ 國境 ⟋⟍ 나라

5 ①

50회

본문 124쪽

1 뜻(훈): 일만   소리(음): 만

2 ④, ⑤

4
① 萬一 ⟋⟍ 매우 다행히 일이 잘 풀림
② 萬年雪 ⟋⟍ 녹지 않고 쌓여 있는 눈
③ 千萬多幸 ⟋⟍ 만에 하나. 혹시

5 ①

복습해보기

본문 126쪽

10주차 복습해보기 한 주 동안 익혔던 한자들을 한 번 더 공부해 볼까요?

● 그림을 보고 밑줄 친 글자의 한자를 찾아 번호를 써 보세요.

대한민국 국기의 이름은 태극기입니다.
2 ①
태극기는 흰 바탕 위에 태극 문양과 건곤감리가 있는 모양입니다.

태극 문양의 빨간색과 푸른색은 음과 양의 조화를 의미합니다.
③

모서리에 위치한 검은 막대의 이름은 건곤감리이며 하늘, 땅, 물, 불을 상징합니다.

태극기는 우주 만물과 더불어 나아가자는 우리나라의 이상을 담고 있습니다.
④

보기
① 白   ② 大韓民國   ③ 青   ④ 萬

1 ②

2 ①

3 ③

4 ④